COMMENT ÉLEVER LES ENFANTS LES PLUS HEUREUX DU MONDE

www.editions-jclattes.fr

Jessica Joelle Alexander
et Iben Dissing Sandahl

COMMENT ÉLEVER LES ENFANTS LES PLUS HEUREUX DU MONDE

Les recettes du bonheur danois

Traduit de l'anglais par Isabelle Crouzet

JC Lattès

Titre de l'édition originale
THE DANISH WAY OF PARENTING
publiée par TarcherPerigee,
une division de Penguin Random House LLC.

Une première édition de ce livre a été publiée en 2014
par Jessica Joelle Alexander et Iben Dissing Sandahl.
Cette édition TarcherPerigee 2016
est publiée dans une forme légèrement modifiée.

Collection « Parent + »
dirigée par Isabelle Filliozat

Couverture : Atelier Didier Thimonier
Illustration : Hélène Crochemore

ISBN : 978-2-7096-5933-8

Sommaire

Présentation de la collection

Le monde change, les enfants d'aujourd'hui ne vivent plus dans le même environnement que ceux d'hier, tout bouge. Entre laisser-faire et autorité, les comportements des parents oscillent. Cette collection ouvre une troisième voie, celle de la parentalité positive, qui s'attache à construire en positif plutôt qu'à répondre à ce qui est négatif. Elle s'intéresse aux causes plutôt qu'aux seuls effets, elle travaille en amont pour éviter l'apparition d'attitudes de blocage plutôt que tenter de les réprimer ou de les punir. Elle n'a pas pour but de « redresser » les comportements des enfants, mais d'améliorer la vie en commun de manière à ce que chacun soit plus heureux. La parentalité positive pense en termes de besoins, d'étape de développement, de maturation du cerveau, d'enseignement, de coaching et non en termes de caprices, de limites, de rapports de force et de domination.

En France, la théorie psychanalytique est encore la référence presque absolue. L'enfant y est vu comme animé de pulsions à contenir pour qu'il devienne un être social. Ses comportements sont perçus comme mus par le seul principe de plaisir auquel les adultes doivent opposer le principe de réalité. Dans ce modèle, le rôle du parent est donc logiquement de poser des limites aux désirs, à ce qui est interprété comme un caprice et à la toute-puissance de l'enfant. Une telle vision de la relation ne peut qu'engendrer nombre de conflits qui épuisent tant les parents que les enfants et altèrent la relation. Nombre de comportements sont vus comme des manifestations d'opposition aux exigences parentales ou sont interprétés comme des tentatives de manipulation. Dans ce paradigme, il est logique que le parent cherche à contrôler toujours plus, à mettre des limites et à cadrer. S'il n'est pas autoritaire, il est vu comme laxiste. Il « laisse tout faire ». Mais qui a dit qu'on ne pouvait changer de paradigme ?

John Bowlby (1907-1990), pédopsychiatre et psychanalyste anglais, n'arrivait pas à se satisfaire de cette approche. S'intéressant à la discipline scientifique naissante qu'était l'éthologie, il y a découvert l'empreinte et le besoin d'attachement. Au cours des années 1950, il a énoncé la théorie de l'attachement, s'opposant radicalement à la théorie psychanalytique des pulsions.

L'enfant n'existe pas seul, il est un être de relation, un être social dès sa naissance. L'attachement se construit dans l'interaction entre le nourrisson et la personne qui s'occupe de lui. Les comportements de l'enfant, même et surtout les plus difficiles, ne cherchent pas à manipuler le parent, mais ont des causes. Ils expriment ses besoins, notamment d'attachement. Le rôle du parent est d'identifier ces besoins et de les nourrir.

Face aux comportements excessifs ou désagréables de nos enfants, la plupart des parents actuels se disent « elle me fait un caprice », « il est jaloux », « elle cherche l'attention », « il me teste », et réagissent en conséquence. Cette vision de l'enfant qui le et nous place dans un rapport de force permanent est issue de la théorie psychanalytique des pulsions.

La collection Parent +, résolument ancrée dans le paradigme de l'attachement, a pour but de présenter des informations sur le cerveau en développement, différentes approches de parentalité positive et surtout des outils concrets pour le quotidien. Car nous manquons à ce jour de pratiques concrètes de parentalité positive. Aimer son enfant est nécessaire, certes, mais pas suffisant pour faire face aux situations les plus banales du quotidien. Nous avons besoin d'idées, d'outils, d'exemples, pour nourrir nos attitudes parentales. Les modèles du passé ne nous conviennent plus, mais les alternatives sont peu développées. C'est une chose de dire qu'on ne tape plus, qu'on ne fait plus peur ni honte à nos enfants, mais alors que faire ? Que dire ? Comment agir face à leurs comportements inacceptables ? Nous le constatons tous les jours, crier et punir est inefficace. La preuve ? Il faut toujours recommencer. Comment faire autrement ? Nombreux sont les adultes qui pensent que, s'ils ne giflent, ne menacent, ni ne punissent, ils devront tout accepter, tous les comportements, toutes les demandes et toutes les réactions émotionnelles et qu'ils devront passer leur temps à expliquer le pourquoi du comment à leur gamin. Le parentage positif ne consiste ni à donner des récompenses ni à expliquer en permanence, mais à développer de nouvelles attitudes parentales, pédagogiques et efficaces. Le plus souvent, chacun d'entre nous se dira « Bon sang mais c'est bien sûr ! Pourquoi n'y ai-je pas songé plus tôt ? ». Nous n'y avons pas pensé parce que notre vision était inscrite dans un paradigme qui ne nous le permettait pas. D'autres, ailleurs, y ont pensé, ont expérimenté et ont écrit des livres que j'ai eu envie de présenter au public français.

Nous avons besoin d'un autre regard sur nos enfants et les motivations de leurs comportements pour accomplir le rêve de tout parent : leur donner les fondations de leur sécurité intérieure, les accompagner dans l'intégration de leur confiance en leur personne propre comme en leurs compétences, pour qu'ils réussissent à l'école et deviennent plus tard des adultes autonomes, intelligents, responsables et empathiques. Nous avons aussi besoin d'idées, d'exemples, d'astuces, de techniques simples et rapides pour qu'ils mettent leur casquette au soleil ou leurs bottes quand il pleut sans que cela fasse problème, pour partir à l'école à l'heure et sans stress, pour que les repas soient des moments agréables de partage, pour que le square ne soit pas une angoisse, pour qu'elle nous donne la main pour traverser la rue sans chercher à s'échapper, pour qu'il cesse de se chamailler avec sa sœur, pour qu'elle aille faire pipi aux toilettes et qu'il se lave, pour un coucher avec histoire mais sans histoires… Bref, pour un quotidien moins prise de tête, plus gai, plus libre, plus heureux.

I. F.

Les recettes en résumé

Ingrédients :

- jeu,
- authenticité,
- recadrage,
- empathie,
- pas d'ultimatum,
- *hygge* (convivialité 100 % danoise).

Étapes :

1. Laisser l'enfant jouer seul : si l'enfant a l'habitude de jouer librement sans être dirigé, il deviendra un adulte plus heureux, plus résilient et mieux intégré socialement.
2. Être authentique : si l'on est honnête avec soi-même, on a une plus forte conscience de soi. Les Danois évitent l'éloge à outrance et les félicitations du type « tu es tellement intelligent ! ». Ils encouragent leurs enfants sur la

base de leurs efforts. Cette méthode augmente l'estime de soi et la résilience des enfants.

3. Recadrer : quelle que soit la situation, le recadrage peut changer notre vie et celle de nos enfants en ouvrant de nouvelles perspectives.

4. Développer l'empathie : comprendre l'empathie, l'enseigner et l'incorporer au quotidien est fondamental au bonheur des enfants comme à celui des adultes.

5. Refuser les ultimatums : éviter les rapports de force et utiliser une approche plus démocratique de la parentalité encourage la confiance, la résilience et le bonheur de l'enfant.

6. S'installer dans le *hygge* : (Prononcé *hu-gueu*), terme danois sans équivalent signifiant la convivialité, le confort douillet avec les proches, le cocooning : bénéficier d'un réseau social solide est l'un des facteurs contribuant le plus au ressenti de bonheur. Le *hygge* nous aide à créer une communauté-cocon autour de nos enfants.

Avant-propos de l'édition révisée

Nous avons écrit ce livre par amour du modèle danois, un amour qui n'a pas fléchi tant lors de nos recherches que durant la rédaction. Tout a commencé avec cette question : pourquoi les Danois sont-ils les gens les plus heureux du monde ?

Nous sommes toutes les deux mamans. Pour l'une comme pour l'autre – Américaine mariée à un Danois et psychothérapeute danoise –, la question nous concernait personnellement en même temps qu'elle nous fascinait intellectuellement. Nous nous sommes donc plongées dans les études et les données sur le Danemark et nous avons interviewé des spécialistes dans de nombreux domaines. Lorsque nous avons terminé notre premier brouillon, nous l'avons envoyé à un groupe de réflexion informel composé de mères, de pères et d'experts en Europe et aux États-Unis.

Aux États-Unis, ce groupe rassemblait différents Américains, de la côte est à la côte ouest, électeurs démocrates aussi bien que républicains, des mamans granola néohippies et des pères militaires, des mères allaitantes, d'autres pratiquant la fessée, des parents incollables sur l'attachement, des mères tigres. Nous avons cherché à contacter des parents de tous horizons.

Après avoir intégré leurs très précieux retours, nous avons autopublié la première édition de ce livre. Nous pensions en toute confiance que nous avions écrit quelque chose d'important. Mais rien ne nous avait préparées à l'extraordinaire voyage que le livre a alors entamé. Au départ, il a réuni un tout petit groupe de fans. Aujourd'hui, il a semé ses graines dans un véritable jardin global de lecteurs qui ne cesse de s'étendre à travers la planète. À chaque nouveau lecteur, le voyage de notre texte nous subjugue et nous émerveille.

Quand nous avons publié la première version, les commandes arrivaient au compte-gouttes, mais nous étions ébahies d'en analyser la provenance. Pour n'en nommer que quelques-unes : Nouvelle-Zélande, Afrique du Sud, divers pays d'Europe, Vietnam, Indonésie, Australie et États-Unis. Des réalisateurs de Hollywood, des ambassadeurs danois et des professeurs d'université achetaient le livre. Nous le savions parce que nous emballions les commandes et écrivions l'adresse sur le paquet que nous postions nous-mêmes ! Cela semblait prometteur, mais c'était aussi un travail chronophage et rébarbatif. Et nous avions toutes les raisons de penser que les ventes ne décolleraient jamais.

Cependant, peu à peu, nous avons commencé à recevoir des courriers de nos lecteurs. Des parents digéraient nos idées, expérimentaient les recettes du bonheur danois dans leur famille et nous envoyaient des retours plus que positifs : ils débordaient de reconnaissance et même de soulagement. Ces parents découvraient une pratique parentale dont ils avaient intuitivement soupçonné l'existence. Ils avaient pressenti la possibilité d'autres pratiques éducatives que celles dont ils avaient hérité, mais ils avaient muselé leur envie de procéder autrement à cause des attentes sociétales et de la pression à faire les choses « comme il faut ».

Dans leurs courriers, nos lecteurs expliquaient à quel point ils aimaient l'idée de voir le jeu, l'empathie et les compétences relationnelles comme ingrédients de base de l'éducation d'un enfant. Ils focalisaient désormais leurs efforts éducatifs autour de ces concepts, par opposition à un centrage sur les résultats scolaires : ils avaient clairement eu une révélation en découvrant que le Danemark, pays florissant à la population heureuse dont ils avaient peu entendu parler jusque-là, les pratiquait depuis longtemps.

Dans le même temps, nous avons appris que le livre servait de manuel à l'université. Une professeure nous a contactées et nous a présenté le cours qu'elle avait structuré autour des « Recettes du bonheur danois ». Ses élèves avaient adoré et s'étaient ouverts à une autre façon d'éduquer les enfants.

Nous avons poursuivi nos efforts pour faire passer le mot, expliquer l'intérêt de la méthode danoise, en écrivant des articles, en donnant des interviews. Peu à peu, un effet domino s'est produit.

Avant de rentrer chez lui, alors qu'il quittait le Danemark, un homme d'affaires indien a acheté le livre. Peu de temps après, il nous a demandé de participer en Inde au lancement des « Recettes du bonheur danois » afin de le faire entrer dans les salles de classe, ainsi que chez les pédiatres, de l'intégrer dans la formation des enseignants et du grand public. « Ce n'est pas un livre, nous a-t-il écrit. C'est un mouvement. Pour moi, il peut participer à la transformation d'un pays. » Cela nous a fait immensément plaisir.

Et maintenant ? Le livre suit sa route sur le même élan. Il a atterri sur le bureau d'une maison d'édition britannique, puis en France, sur celui d'Isabelle Filliozat.

Le chemin a été à la fois difficile, fatigant, joyeux et gratifiant, un peu comme celui de la parentalité. Mais par leurs incroyables retours, nos lecteurs, parents, grands-parents, professeurs et éducateurs, non-parents et psychologues, nous couvrent d'inestimables récompenses. Le bouche à oreille que le livre suscite nous procure la plus vive satisfaction. Même si tout le monde n'a pas été d'accord avec l'intégralité des recettes, le livre a certainement servi à engager la conversation. Il a planté les graines d'un mouvement de fond dont il a ensuite soutenu la croissance. Nous espérons que les recettes du bonheur danois, telles des graines portées par le vent, poursuivront leur dissémination afin que la bienveillance, l'empathie et la joie fleurissent de par le monde. Nous espérons aussi qu'elles apporteront, à vous et à votre famille, davantage de bonheur.

Jessica Joelle Alexander
Iben Dissing Sandahl
Copenhague, février 2016

Introduction

Quel est le secret du bonheur danois ?

On connaît surtout le Danemark pour le célèbre conte de l'écrivain danois Hans Christian Andersen, *La Petite Sirène*. Mais depuis 1973, presque sans interruption, c'est aussi le pays où, d'après l'OCDE (l'Organisation de coopération et de développement économique[1]), vivent les gens les plus heureux du monde. Depuis 1973 ! Cela fait plus de quarante ans que les Danois arrivent en tête des classements internationaux ! Si on y réfléchit une seconde, c'est un exploit incroyable. Depuis sa création en 2012, le « World Happiness Report » (Rapport mondial sur le bonheur[2]), autre classement élaboré par les Nations unies, octroie lui aussi la première place au Danemark, chaque année. Quel est le secret des Danois ?

D'innombrables articles et études tentent de percer le mystère. Le Danemark ? Pourquoi le Danemark ? La chaîne américaine CBS News lui a consacré une émission de son programme 60 minutes[3] ; la vedette américaine Oprah Winfrey a elle aussi couvert le sujet[4]. France 2 a cherché à résoudre l'énigme sur le plateau de l'émission *Comment ça va bien** ? Comme par hasard, les conclusions de ces reportages vous laissent sur votre faim. Est-ce à cause du système de sécurité sociale danois ? À cause du design danois ? Du gouvernement danois ? On peut mettre hors de cause les impôts (très élevés) et le climat (hivernal)... Alors, que se passe-t-il au Danemark ?

Aux États-Unis, la « recherche du bonheur » est inscrite dans la Déclaration d'Indépendance. Pourtant, ce pays n'apparaît même pas dans le top dix des classements. En 2012, le World Happiness Report le place en onzième position, derrière l'Irlande**. En 2015, ce même rapport lui attribue la quinzième place, derrière le Mexique, l'Autriche et le Costa Rica***. Or, les Américains consacrent au bonheur tout un pan de leurs recherches en psychologie et inondent les marchés du monde entier de livres de développement person-

* *Le bonheur venu du froid*, émission du 28 janvier 2016. *(N.d.T.)*
** World Happiness Report de 2012, Fig. 2.3, p. 30. *(N.d.T.)*
*** World Happiness Report de 2015, Fig. 2.2, p. 26. *(N.d.T.)*

nel expliquant comment atteindre cet ineffable état. Et pourtant, ils ne sont pas si heureux que ça. Et les Français ? Sur les 158 pays étudiés, la France passe de la 23e position en 2012 à la 29e en 2015*. Le pays des 1 365 fromages en 29e position, loin derrière l'« autre pays du fromage » (les Pays-Bas, en 7e position) et surtout derrière le pays du danablu (fromage persillé danois) ? Et pourquoi donc ? Ou plutôt, pourquoi les Danois sont-ils si heureux, eux ?

Après de nombreuses années de recherches, nous pensons avoir enfin découvert le secret du bonheur des Danois. Leur mystère se cache tout simplement dans leur éducation.

La philosophie danoise de la parentalité et la façon dont les parents danois élèvent leurs enfants livrent des résultats impressionnants : des enfants résilients, émotionnellement solides et heureux qui, quand ils deviennent à leur tour parents, répètent avec leurs enfants le style parental reçu. Ainsi, l'héritage est à la fois transmis et renouvelé et on obtient une société en tête des classements du bonheur sur plus de quarante ans d'affilée.

Nous souhaitons partager avec vous notre incroyable voyage au pays du bonheur. Notre guide vise à aider

---

* World Happiness Report de 2012 et 2015. *(N.d.T.)*

les mères et les pères, les nouveaux parents comme les vieux routards de la parentalité, dans ce qui est pour nous le travail le plus difficile et le plus extraordinaire du monde. Accommoder les recettes danoises de la parentalité demande du temps, de la patience, de la fermeté et une ouverture d'esprit certaine, mais le jeu en vaut la chandelle. Vous léguez en héritage à vos enfants votre style parental. Si votre objectif est d'éduquer des enfants heureux, vous pouvez poursuivre votre lecture. Nous vous révélerons le secret du bonheur des Danois.

L'histoire de Jessica

Quand mes amis ont appris que j'avais coécrit un livre sur la parentalité, ils ont tous bien rigolé. « Toi ? La femme la moins maternelle que je connaisse, tu as collaboré à un livre sur la parentalité ? » Touché ! C'est précisément mon manque de compétences en la matière qui m'a poussée à m'intéresser à l'éducation danoise. La maternité avait totalement bouleversé ma vie et comme je tirais un précieux secours de ces recettes danoises, je savais qu'elles aideraient certainement d'autres parents.

Je suis née dépourvue des aptitudes maternelles innées dont toutes les femmes sont censées être équipées. Je n'ai aucune honte à l'avouer. Je n'étais pas portée sur les enfants. Je dois être complètement honnête : je n'aimais pas vraiment les mômes. Je suis devenue mère parce que c'est ce qui se fait. Vous pouvez imaginer ma peur quand j'ai su que j'étais enceinte. Je me suis dit : « Comment est-ce que je vais faire ? Je vais sûrement être une mauvaise mère ! » Alors j'ai lu absolument tous les livres sur la parentalité que j'ai pu trouver. Un bon paquet. Ils m'ont beaucoup appris. Mais j'avais toujours autant la trouille.

Heureusement, j'avais épousé un Danois. Depuis plus de huit ans, je vivais au contact de la culture danoise et j'avais remarqué que les Danois s'y prenaient vraiment bien avec leur progéniture. J'observais des gamins bien élevés, calmes, joyeux et je me demandais invariablement quel était leur secret. Mais, impossible de trouver un livre sur la parentalité danoise.

Puis je suis devenue mère. J'ai fait la seule chose naturelle que je savais faire : poser des questions. À mes amis danois, à ma famille danoise. Sur tout. De l'allaitement à la discipline à l'éducation. Systématiquement, je préférais leurs réponses spontanées à celles des livres que j'avais lus. Peu à peu, j'ai découvert une philosophie éducative qui m'a ouvert les yeux et a radicalement changé ma vie.

Mon amie Iben et moi en discutions souvent. Iben est une psychothérapeute danoise, avec de nombreuses années d'expérience en thérapies familiales et thérapies d'enfants. Ensemble, nous nous sommes demandé s'il existait un mode de parentalité spécifiquement danois. Nous avons cherché des essais sur le sujet, sans succès. Pendant toutes ses années d'enseignante dans les écoles danoises, puis de thérapeute auprès de familles et d'enfants danois, Iben n'avait jamais entendu parler d'une « éducation danoise ». Elle connaissait toutes les théories et recherches en parentalité et elle en appliquait de nombreuses dans sa vie personnelle, au quotidien, mais elle n'aurait pas su dire s'il existait à son insu, au sein de la culture danoise, un type spécifique de pratiques éducatives.

L'émergence d'un modèle

Plus nous avons discuté, plus il est apparu évident qu'il existait vraiment une philosophie parentale danoise spécifique, mais qu'elle imprégnait tellement la vie au quotidien et la culture danoise qu'elle ne sautait pas aux yeux de ceux qui vivaient en son sein. Plus nous avons examiné notre vie quotidienne, plus nous avons vu un modèle émerger. Il s'est imposé de lui-même et nous l'avons appelé « Les Recettes du bonheur danois ».

Cela a pris du temps. Treize ans ! Treize années d'observations de la culture danoise et de la vie de tous les jours au Danemark, de recherches et d'études à l'appui. Dans son domaine, Iben est une experte. En plus de son expérience personnelle, elle a apporté son acuité professionnelle et de nombreuses études et illustrations concrètes et culturelles étayant notre théorie. Grâce à notre collaboration équilibrée, nous avons toutes deux beaucoup appris au fil de nos lectures scientifiques et au contact des parents, psychologues et enseignants que nous avons longuement interviewés au sujet du système scolaire danois. À la fin de ce livre, vous trouverez les références des études soutenant notre démarche.

Nous souhaitons insister sur une chose : ce livre n'est pas une déclaration politique. Ce n'est pas non plus un livre traitant de la vie au Danemark. Il présente une théorie de la parentalité. À notre avis, cette théorie explique en grande partie pourquoi le Danemark arrive systématiquement en tête des classements sur le bonheur. Les enfants heureux grandissent en adultes heureux qui élèvent des enfants heureux et ainsi de suite.

Nous sommes bien conscientes que le style parental n'est pas l'unique facteur contribuant au bonheur des Danois, qu'il en existe de nombreux autres. Nous savons aussi qu'au Danemark vivent des Danois malheureux.

Ce pays n'a rien d'une utopie et comme tous les autres, il a ses propres problèmes.

Enfin, notre intention n'est absolument pas de paraître désobligeante à l'égard des États-Unis, vaste pays que les observations et les faits cités dans ce livre ne font qu'ébaucher, comme toute généralisation. Jessica est fière d'être américaine et adore son pays. Elle a tout simplement eu la chance de voir le monde avec une nouvelle paire de lunettes, des lunettes « danoises ». Son point de vue sur la vie en a été bouleversé.

Nous vous proposons maintenant d'essayer par vous-mêmes ces lunettes danoises et de ressentir ce qu'elles font bouger en vous. Si ce livre vous aide à percevoir les choses différemment, alors, de notre point de vue, il aura atteint son but. Vous ne passerez peut-être pas de « la personne la moins portée sur les enfants qui soit » à la magnifique personne et heureuse mère que Jessica est devenue, mais nous espérons que vous vivrez des changements positifs et vous souhaitons un bon voyage.

1.
RECONNAÎTRE NOTRE MODE PAR DÉFAUT

De temps à autre, il nous arrive de réfléchir à ce qu'« être parent » veut dire. Avant la naissance du premier enfant, pendant la crise de colère de notre bambin de deux ans ou après avoir bataillé pour qu'il ou elle mange ses petits pois. Nous nous sommes tous posé la question : « Est-ce que je m'y prends correctement ? » Nous sommes nombreux à consulter internet et à lire des livres ou à nous tourner vers les amis et la famille à la recherche de conseils et de soutien. La plupart d'entre nous veulent juste être rassurés : « Ouf, je m'y prends correctement. »

Mais vous êtes-vous déjà demandé ce que « correctement » signifie ? D'où tenez-vous vos idées sur la façon correcte d'être parent ? Si vous allez en Italie, vous croiserez des enfants dînant à 21 heures et courant tous azimuts dans le restaurant jusque vers minuit. En Norvège, les parents laissent régulièrement leur bébé dormir dehors par moins vingt-trois degrés. En Belgique, les enfants ont le droit de boire de la bière. Ailleurs, cela semble bizarre, mais pour ces parents, c'est « comme ça qu'on fait ».

Sara Harkness enseigne le Développement Humain à l'université du Connecticut. Elle appelle « ethnothéories parentales » ces notions implicites, considérées comme allant de soi, que nous avons sur la façon d'éduquer nos enfants[1]. Depuis plusieurs décennies, elle étudie ce phénomène au sein de diverses cultures. Elle a découvert que les croyances implicites sur le parentage « correct » s'enracinent tellement profondément dans nos sociétés qu'il est quasiment impossible de les exprimer objectivement. Pour nous, c'est comme ça et puis c'est tout.

Et si nous posions nos lunettes un instant, que verrions-nous ? Si nous prenions un peu de recul et observions par exemple les États-Unis, quel effet cela ferait ?

Une épidémie de stress

Depuis plusieurs années, à travers leur pays, les Américains rencontrent davantage de difficultés à être heureux. Entre 2005 et 2008, d'après le National Center for Health Statistics (Centre National des Statistiques de Santé), la consommation d'antidépresseurs a quadruplé[2]. Chez les enfants, les diagnostics de troubles psychologiques augmentent, ainsi que les prescriptions de médicaments, alors même que pour certains de ces troubles, on ne dispose d'aucune méthodologie précise de diagnostic[3]. En 2010, au moins 5,2 millions d'Américains de trois à dix-sept ans prenaient de la Ritaline à cause d'un trouble du déficit de l'attention[4].

Les Américains et les Européens à leur suite se battent contre l'obésité et la puberté précoce. Pour freiner le processus pubertaire, on administre des hormones à des petites filles et à des petits garçons de sept ou huit ans. La plupart des parents ne se posent pas de question et ne trouvent pas cela bizarre. C'est comme ça, c'est tout. « Ma fille va avoir sa piqûre », déclare nonchalamment une mère à propos de sa fille de huit ans, estimée trop jeune pour être pubère.

Sans même le savoir ni le vouloir, de nombreux parents américains débordent d'une compétitivité excessive envers eux-mêmes, leurs enfants, les autres parents. Pas tous, bien sûr. Mais la culture étant combative, ils peuvent se sentir sous pression. Verbalement, le ton est celui du défi, les échanges intenses : « Kim marche du feu de dieu, au foot. Son entraîneur dit qu'elle est une des meilleures de l'équipe. Mais malgré le foot, le karaté et la natation, elle nous ramène quand même une super moyenne de 18/20 ! Et ta fille Olivia ? Ça va ? » Aux États-Unis, les parents se sentent poussés à la performance, obligés de se conformer à l'idée du parent « qui réussit » : leurs enfants doivent briller aussi bien à l'école que dans leurs activités sportives et se modeler sur l'idée que les adultes se font de l'enfant

« performant ». Le niveau de stress est souvent élevé et tout le monde se sent jugé, par les autres comme par soi-même. C'est humain, certes, mais c'est aussi très américain. Pourquoi cette société hyper compétitive entretient-elle un culte de la performance, lequel, au final, ne rend pas les adultes très heureux ? Et si certaines « réponses » américaines aux défis éducatifs (les normes parentales américaines) étaient biaisées ?

Et si les parents américains découvraient que, leurs lunettes n'étant pas adaptées à leur vue, ils ne voyaient pas les choses aussi nettement qu'ils le croyaient ? Ils feraient corriger leurs verres et observeraient de nouveau le monde. Surprise ! Ils constateraient que les choses ne sont pas ce qu'elles semblaient être ! Quand on prend une nouvelle perspective sur la vie, avec de nouvelles lunettes, une question surgit d'elle-même : existe-t-il *une meilleure façon de faire*[5] ?

Notre « mode par défaut » à la loupe

Un jour, Jessica se promenait en ville avec son fils de près de trois ans. Elle à pied, lui sur son vélo sans pédales. Tout à coup, il s'est mis à rouler vers la rue. Malgré les nombreux cris de sa mère lui demandant de s'arrêter, il a continué sa route. Prise de panique, elle s'est lancée à sa poursuite, l'a attrapé violemment au bras et l'a secoué. Furieuse, elle allait hurler « Tu as intérêt à t'arrêter quand je te le dis ! », mais elle a vu qu'il était sur le point d'exploser en sanglots tellement il avait eu peur. À ce moment précis, Jessica a mis toute l'énergie à sa disposition pour sortir mentalement d'elle-même, prendre un peu de recul sur la situation et s'observer. Elle ne voulait pas réagir de cette façon, en hurlant sur son fils. Elle a réfléchi un instant à une autre façon de faire. Miracle, une solution s'est imposée. Jessica s'est agenouillée, a inspiré profondément et d'une voix calme, mais inquiète, elle a désigné les voitures : « Tu vois ces voitures ? Les voitures, ça peut faire très mal à Sebastian ! Tu ne veux pas te faire mal, n'est-ce pas ? Moi non plus, je ne veux pas que tu te fasses mal. »

Il l'écoutait. « Voitures. Boum, bobo. » Elle a poursuivi : « Alors, quand je te demande de t'arrêter, tu t'arrêtes. D'accord ? Pour que les voitures ne te fassent pas mal. » Il a acquiescé. Jessica l'a pris dans ses bras. Elle pouvait le sentir hocher de la tête contre son épaule. « Voitures. Boum, bobo. » Au final, il n'a pas pleuré.

Cinq minutes plus tard, ils sont arrivés à un passage piéton. Jessica lui a demandé de s'arrêter au bord de la route, ce qu'il a fait. Il a désigné la rue et a secoué la tête. « Voitures. Boum, bobo. » Elle lui a montré à quel point elle était heureuse en sautillant sur place et en applaudissant. Elle n'était pas contente juste parce qu'il s'était arrêté au bord du trottoir avant de traverser. Elle se sentait surtout fière d'elle-même, fière de s'être contrôlée, d'avoir réfréné son comportement par défaut dans un moment difficile. Elle avait fourni un effort qui avait transformé une situation stressante et potentiellement violente en un apprentissage joyeux et sécurisant. Pour leur plus grand bonheur, à tous les deux.

Parfois, nous oublions qu'éduquer est un verbe, au même titre qu'aimer. Avant d'en récolter les fruits, éduquer demande du travail, de l'effort, ainsi qu'une forte dose de connaissance de soi. Pour cela, rien de tel que de s'observer agir quand nous sommes épuisés, stressés, à la limite de nos capacités, parce qu'à ce moment nous sommes en mode par défaut.

Parfois, nous oublions qu'éduquer est un verbe, au même titre qu'aimer.

Le mode par défaut s'enclenche quand, à cause de notre fatigue, nous n'avons pas le temps de choisir comment réagir. Nous en avons hérité de nos propres parents. Enraciné en nous, inscrit en dur, un peu comme le programme de la carte mère d'un ordinateur, il applique les instructions que notre propre éducation a gravées en nous sur la table d'assemblage. Il s'active quand on ne sait plus à quel saint se vouer et que nos pensées sont confuses. Nous nous entendons alors dire des choses que nous aurions préféré taire. Nos actes nous semblent indépendants de notre volonté. Au fond de nous-mêmes, dans ces moments, nous savons qu'il existe un meilleur moyen d'aboutir à des résultats avec nos enfants, mais lequel ? Si vous avez des enfants, vous connaissez bien ce sentiment.

Voilà pourquoi il est si important de prendre conscience de son paramétrage par défaut, de l'étudier, de le comprendre. Quand vous vous observez agir et réagir avec vos enfants, parmi vos comportements, lesquels aimez-vous ? Lesquels regrettez-vous ? Lesquels reproduisent la conduite de vos parents durant votre propre éducation ? Qu'aimeriez-vous changer ? Quand vous aurez repéré votre penchant naturel, vos réactions par défaut en tant que parent, vous pourrez décider comment les modifier, pour le mieux.

Dans les chapitres suivants, nous vous aiderons à percevoir en quoi pourrait consister ce « pour le mieux ». Nous étudierons les six ingrédients des recettes danoises : le jeu, l'authenticité, le recadrage, l'empathie, le refus des ultimatums et le *hygge*, terme danois signifiant être bien ensemble, dans une convivialité douillette, confortable. Nous détaillerons des techniques testées et approuvées par les parents danois depuis plus de quarante ans.

Comment élever les enfants les plus heureux…

Première étape vers un réel changement de vie : l'introspection. Elle aide à décider consciemment de nos actions et réactions. Elle nous rend meilleurs en tant que parents et en tant que personnes. Grâce à elle, nos enfants amassent un patrimoine bien-être qu'ils transmettront à leur tour aux générations suivantes. Peut-on envisager un plus beau cadeau pour nos enfants et petits-enfants que de les aider à devenir des adultes plus heureux, plus solides, plus résilients ? Nous ne le pensons pas. Et vous ?

2.
LE JEU

« Le jeu, c'est le travail de l'enfant, c'est son métier, c'est sa vie. »

Pauline Kergomard*
(France, 1838-1925)

« On parle surtout du jeu comme d'un divertissement qui détend après l'apprentissage des choses importantes, mais pour les enfants, le jeu permet l'apprentissage de choses importantes. »

Fred Rogers
(États-Unis d'Amérique, 1928-2003)

* Pauline Kergomard est la fondatrice des écoles maternelles en France. *(N.d.T.)*

Vous êtes-vous demandé pourquoi vous passez tant de temps à organiser des activités extrascolaires pour vos enfants ? La plupart d'entre nous ne se posent pas la question. Si nos gamins ne participent pas à au moins trois ou quatre activités par semaine, natation, danse, foot ou musique, on ne se sent pas à la hauteur ! Combien de fois avez-vous entendu des parents se plaindre de faire le taxi toute la journée du samedi, afin d'emmener leurs enfants à leurs rendez-vous respectifs, sportifs, cours de musique, de dessin... ?

À l'inverse, vous souvenez-vous avoir entendu quelqu'un annoncer « samedi prochain, ma fille passera sa journée à jouer » ?

Non pas « jouer du violon » ou « jouer un match de foot » ou « jouer chez un copain » où des adultes auront organisé toutes sortes d'activités. Non. Nous voulons parler ici du jeu « libre », où l'enfant, livré à lui-même, seul ou avec un ami, joue exactement comme il le désire, aussi longtemps qu'il veut. Souvent, quand nous laissons nos enfants jouer ainsi, même si nous ne l'avouerons jamais à personne, nous ne pouvons réprimer un sentiment de culpabilité. Parce qu'au bout du compte, nous nous sentons de meilleurs parents quand nous enseignons quelque chose à nos enfants, quand nous les emmenons faire du sport ou donnons du grain à moudre à leur petit cerveau. Souvent, le jeu est vu comme une perte de temps, du temps qui serait mieux dépensé s'ils apprenaient quelque chose. Mais est-ce vraiment du temps perdu ?

Depuis cinquante ans, aux États-Unis et dans d'autres pays occidentaux, le nombre d'heures que les enfants passent à jouer baisse de façon spectaculaire[1]. Ils regardent davantage de télévision, utilisent davantage de technologie, mais ce ne sont pas les seuls facteurs. Leurs parents craignent aussi davantage qu'ils se blessent, tout en souhaitant les « former ». Pour toutes ces raisons, le temps de jeu des enfants diminue.

Les progrès visibles de nos enfants sont autant de signes rassurants qui nous réconfortent. Nous aimons assister à leurs entraînements de foot ou à leurs récitals de danse ou de piano. Nous sommes fiers d'annoncer que Billy a gagné une médaille, un trophée, a appris une nouvelle chanson ou peut réciter l'alphabet en espagnol. « On est de bons parents », pense-t-on. Avec les meilleures intentions du monde : en leur donnant davantage d'instruction, en leur offrant davantage d'activités structurées, nous les exerçons à devenir des adultes performants, qui réussissent, qui prospèrent. N'est-ce pas ?

Ce n'est un secret pour personne : les diagnostics de trouble anxieux, de dépression et de trouble de l'attention ont explosé aux États-Unis. Serait-il possible que nous rendions nos enfants plus anxieux, à notre insu, en ne leur offrant pas assez de temps de jeu ?

La vie de nos enfants est-elle trop organisée ?

Dans la culture occidentale, il est bon d'être intelligent. Ou sportif, aux États-Unis. Poussés par leurs parents, les enfants commencent l'école le plus tôt possible ou s'efforcent de sauter une classe. Ils apprennent à lire et à compter de plus en plus tôt. Et nous en sommes fiers : nos enfants sont si « vifs » ! Certains d'entre nous investissent énormément en professeurs particuliers, en jouets éducatifs et en applications ludo-éducatives. Le plus important, c'est de réussir. Or la réussite se mesure facilement, avec des preuves tangibles, visibles. Le jeu libre, *a contrario*, c'est peut-être rigolo, mais vous vous demandez sans doute ce que cela enseigne aux enfants, concrètement ?

Saviez-vous que le jeu libre apprend aux enfants à devenir moins anxieux ? Il leur enseigne la résilience. Et le facteur de résilience est un des facteurs les plus prédictifs de leur réussite future en tant qu'adulte[2] : un adulte en bonne santé, fonctionnel, s'en sort mieux si après un traumatisme il sait rebondir en régulant ses émotions et en gérant son stress. Aujourd'hui, on sait aussi que la résilience permet d'éviter anxiété et dépression. Or les Danois inculquent la résilience à leurs enfants depuis des années. Notamment, comme nous allons le voir, en accordant énormément d'importance au jeu.

La première pédagogie danoise issue d'une théorie éducative date de 1871. Déjà, elle donnait une place importante au jeu, car ses auteurs, Niels et Erna Juel-Hansen, en avaient découvert l'importance fondamentale dans le développement de l'enfant[3]. Les petits Danois ne commençaient leur scolarité qu'à l'âge de sept ans parce que les enseignants et autres professionnels de l'éducation pensaient alors que jusque sept ans, les enfants devaient avant tout se comporter comme des enfants et jouer. Aujourd'hui encore, les enfants de moins de dix ans finissent régulièrement l'école à 14 heures et peuvent alors s'ils le souhaitent passer le reste de l'après-midi au « *skolefritidsordning* », sorte de lieu périscolaire où on ne fait rien d'autre que de les encourager à jouer. Incroyable, mais vrai !

Au Danemark, les parents et les enseignants ne concentrent pas leurs efforts sur un seul domaine, l'éducation ou le sport, mais sur l'enfant dans son intégralité. Ils axent cette approche globale de l'enfant sur la socialisation, l'autonomie, la cohésion, la démocratie, l'estime de soi. Ils souhaitent que l'enfant apprenne à devenir résilient et développe une boussole intérieure qui pourra le guider toute sa vie. Ils savent qu'il obtiendra une bonne éducation et acquerra de nombreuses habiletés. Mais pour être heureux, une bonne éducation ne suffit pas. Un enfant capable de gérer son stress et de se faire des amis tout en gardant une vision réaliste du monde dispose de compétences fondamentales fort différentes de celles d'un génie des maths, par exemple. De plus, les Danois ne réduisent pas les compétences fondamentales à celles utiles dans une carrière professionnelle. Pour eux, les compétences fondamentales sont les aptitudes essentielles à la vie, sous toutes ses formes. Après tout, à quoi sert d'être un génie des maths si on ne sait pas affronter les aléas de la vie ? Tous les parents danois avec qui nous avons discuté nous ont avoué qu'ils ne comprenaient pas l'intérêt de s'acharner à mettre la pression sur de jeunes enfants.

Selon eux, si les enfants ne réussissent que pour obtenir quelque chose, des bonnes notes, des médailles ou des félicitations de la part des enseignants ou des parents, alors ils ne fortifient pas leur volonté intérieure, leur moteur interne. Les Danois pensent que les enfants ont fondamentalement besoin d'espace et de confiance pour maîtriser les choses par eux-mêmes, décider des problèmes à résoudre et apporter leurs propres solutions. L'enfant développe ainsi estime de soi et autonomie parce qu'il est son propre cocher interne. Personne ne le « fouette » pour avancer.

Le locus de contrôle

En psychologie, l'endroit où nous plaçons le « cocher » qui nous fait avancer s'appelle le locus de contrôle. *Locus*, en latin, signifie le lieu, l'endroit. Ce terme indique simplement le niveau de contrôle qu'une personne ressent sur les événements de sa vie. Les personnes dont le locus de contrôle est interne pensent qu'elles sont capables de contrôler ce qui leur arrive. Leur motivation est intérieure, personnelle. Les personnes dont le locus de contrôle est externe croient que leur vie est pilotée par des facteurs externes, comme l'environnement ou le destin, sur lesquels elles ont peu d'influence. Leur motivation leur est extérieure et elles ne peuvent rien y faire. De toute évidence, environnement, culture et statut social agissent sur chacun d'entre nous, que notre locus de contrôle soit interne ou externe. C'est le sentiment de gouverner sa vie qui détermine si le locus de contrôle est interne ou externe.

Les chercheurs ont invariablement démontré qu'un locus de contrôle externe prédispose à l'anxiété et à la dépression chez l'enfant, l'adolescent et l'adulte[4]. La sensation de ne pas maîtriser sa vie produit de l'anxiété, tandis que le sentiment d'impuissance, s'il devient trop envahissant, mène à la dépression.

Aux États-Unis, avec ses collègues de l'université de l'État de San Diego, la psychologue Jean M. Twenge a étudié les données récoltées sur cinquante années à partir d'un test appelé le Children Nowicki-Strickland Internal-External Control Scale (échelle Nowicki-Strickland du contrôle interne-externe chez l'enfant). Ce test détermine si l'enfant dispose d'un locus de contrôle interne ou externe. L'équipe scientifique de San Diego a découvert qu'en cinquante ans la proportion de jeunes Américains présentant un locus de contrôle externe a spectaculairement augmenté, quel que soit l'âge, de l'école primaire à l'université[5]. Quelques chiffres pour vous donner une idée de l'importance du changement : comparés aux jeunes de 2002, ceux de 1960 avaient 80 % plus de chances d'affirmer qu'ils maîtrisaient leur vie. En 2002, la majorité des jeunes déclaraient qu'ils n'avaient aucun contrôle sur leur vie.

Plus surprenant encore, la tendance se renforce à l'école primaire : les enfants les plus jeunes sont davantage touchés par le phénomène que les collégiens ou les étudiants à la fac. En résumé, les enfants de plus en plus jeunes expriment un manque de maîtrise sur leur vie. Ils se sentent impuissants de plus en plus tôt dans leur vie. Au fil des ans, l'augmentation du locus de contrôle externe est linéairement corrélée au développement de la dépression et de l'anxiété dans notre société. D'où vient ce changement ?

Laisser de la place aux enfants

Au début du XXe siècle, le Russe Lev Vygotsky, spécialiste en psychologie du développement, a élaboré le concept de « développement proximal » [6]. Cette notion, aujourd'hui centrale dans la parentalité danoise, signifie simplement que, pour apprendre et grandir, un enfant a besoin à la fois d'espace et d'accompagnement dans une « zone » appropriée, la zone de développement proximal. Par exemple, pendant une balade en forêt, imaginons qu'un enfant doive grimper par-dessus un tronc d'arbre en travers du chemin : si, au début, il a besoin d'aide, vous lui tendez la main, mais ensuite, il n'aura peut-être besoin que d'un doigt, puis, au moment opportun, vous le lâcherez complètement. Vous ne le portez pas, mais vous ne le poussez pas non plus.

Au Danemark, les parents n'interviennent que si c'est absolument nécessaire. Ils accordent toute leur confiance à l'enfant et lui laissent les coudées franches pour expérimenter et développer sa propre confiance. Ils lui fournissent des étais qui soutiennent la construction d'une estime de soi forte, car ils considèrent qu'elle est indispensable à sa plénitude. À ces fins, au lieu de faire subir à l'enfant une pression excessive qui risquerait de lui ôter toute joie dans ce qu'il fait et le mener vers la peur et l'anxiété, ils le rejoignent là où il se sent en sécurité. Ils l'invitent alors à pousser un peu plus loin l'exploration ou l'invitent à tenter quelque chose de nouveau tant que c'est encore excitant et bizarre*.

En gardant leurs distances et en respectant la zone de développement proximal de l'enfant, les parents l'aident à construire un locus de contrôle interne et à avoir confiance en ce moteur interne : l'enfant se sent aux commandes de ses défis et de ses difficultés[7]. Les enfants mis sous pression, tirés et poussés démesurément risquent de placer

* Dans *J'ai plus peur ! Aider un enfant à surmonter ses craintes*, l'auteur et psychologue américain Lawrence Cohen parle de *distance critique*, « l'endroit où nous affrontons nos craintes, l'endroit où nous avons peur, mais où nous avançons quand même, au moins un petit peu ». p. 156 (Coll. Parent+, Lattès, 2013). *(N.d.T.)*

leur locus de contrôle à l'extérieur parce qu'ils ne maîtrisent pas leur propre développement : des facteurs externes les gouvernent et les bases de leur estime de soi s'effritent.

Parfois, nous croyons aider les enfants en exigeant qu'ils réussissent ou assimilent davantage de choses, plus vite, plus tôt. Il est bien plus efficace de les accompagner au moment propice de leur développement, non seulement parce qu'ils en tireront un plaisir accru d'apprendre, mais aussi parce qu'ils ont davantage confiance en leur maîtrise des compétences acquises quand ils se sentent aux commandes du processus d'apprentissage.

C'est l'avis du psychologue américain David Elkind. Prenons l'exemple des enfants poussés à lire avant les autres. Au début, ils lisent effectivement mieux que les copains, mais ils perdent peu à peu leur avance et finissent par être rejoints au bout de quelques années. Quel est le prix de cette précocité ? Sur le long terme, ils manifestent un niveau d'anxiété plus élevé et une estime de soi plus faible[8].

En librairie, vous trouverez une quantité incalculable de livres visant à vous aider à réduire stress et anxiété. Nous cherchons tous à supprimer le stress, surtout pour nos enfants. Certains parmi nous planent tels des hélicoptères au-dessus d'eux, prêts à courir à leur rescousse à tout instant. Nous barricadons les escaliers, protégeons ou mettons sous clé tout ce qui pourrait présenter un danger. Sinon, nous avons peur de mal faire. Il nous arrive même de juger les autres parents négligents, irresponsables. Et nous sommes jugés en retour. Les parents d'aujourd'hui sont confrontés à une offre impressionnante de gadgets de sécurité : c'est à se demander comment les enfants survivaient, il y a vingt ans.

Nous voulons éviter que nos enfants stressent, mais nous souhaitons dans le même temps qu'ils aient confiance en eux et se sentent uniques. L'approche standard pour atteindre ces objectifs consiste à les féliciter, parfois excessivement, à chaque exploit, même les plus insignifiants. Mais dans notre volonté d'augmenter leur assurance et de réduire leur stress, il est fort possible que nous provoquions sur le long terme un stress encore plus grand. Construire l'assurance et non l'estime de soi revient à édifier une jolie maison sur peu ou pas de fondations. Nous savons tous ce qui se passe quand le grand méchant loup arrive.

Ce qui se joue dans le jeu

Depuis des années, les scientifiques étudient le jeu chez les animaux pour comprendre son rôle dans le processus évolutif. Entre autres découvertes, ils ont prouvé son influence critique dans l'apprentissage de la gestion du stress. Des expériences réalisées avec de jeunes rats domestiques et singes rhésus montrent que priver ces animaux de compagnons de jeu revient à créer des adultes stressés qui surréagissent aux situations difficiles et ne parviennent pas à s'adapter en société[9]. Soit ces animaux manifestent une peur extrême, soit ils s'enfuient et se réfugient en tremblant dans un coin, soit ils deviennent excessivement agressifs et explosent de rage. Le coupable ? Sans aucun doute possible : le manque de jeu pendant l'enfance. Quand ces mêmes animaux jouent avec un autre pendant une heure par jour, une heure seulement, alors ils grandissent sans encombre et s'en sortent mieux en tant qu'adultes[10].

Le comportement de lutte ou de fuite, qu'il est naturel de reproduire dans le jeu, active les mêmes réseaux neuronaux dans le cerveau que le stress. Imaginez deux chiens qui se poursuivent l'un l'autre en tournant en rond, pour s'amuser. Ils s'attaquent pour de faux. De nombreux animaux ont des jeux similaires, à tour de rôle agressés puis agresseurs, ce qui crée une forme de stress. On sait que l'exposition au stress produite par le jeu a un impact chez les bébés animaux : elle abaisse leur réactivité au stress au fil du temps[11]. En d'autres termes, plus ils jouent, mieux leur cerveau régule le stress au fur et à mesure qu'ils grandissent.

Grâce au jeu, leur habileté à gérer le stress s'améliore constamment et ils deviennent capables de surmonter des situations de plus en plus difficiles. En fait, la résilience ne s'obtient pas en évitant le stress, mais en apprenant à l'apprivoiser et à le maîtriser.

Sommes-nous en train d'empêcher nos enfants de réguler leur stress en ne les laissant pas jouer assez ? Vu le nombre de diagnostics de trouble anxieux et de dépression dans nos sociétés, la question est pertinente. Une des plus grosses craintes des personnes atteintes d'un trouble anxieux est de perdre le contrôle de leurs émotions[12]. Alors, si nous lâchions un peu de lest et laissions nos enfants jouer davantage, deviendraient-ils des adultes plus résilients et plus heureux ? Nous pensons que c'est le cas.

Le jeu aide à surmonter la difficulté

Au Massachusetts, lors d'une étude pilote menée dans l'école maternelle d'un centre consacré au développement de l'enfant, les chercheurs ont voulu savoir s'il existait une corrélation positive entre le niveau d'engagement dans le jeu des petits et leur capacité à gérer les difficultés. Ils en ont trouvé une. Plus les enfants jouent, plus ils acquièrent de compétences sociales et plus ils parviennent à s'insérer dans différents contextes sociaux ou de jeux. Et mieux ils surmontent la difficulté[13]. En conclusion, les chercheurs se demandent si le jeu n'aurait pas un effet direct sur la capacité de s'adapter à la vie en général.

En Californie, lors d'une autre étude réalisée dans une clinique de Palo Alto, la professeure en ergothérapie Louise Hess et ses collègues ont cherché à déterminer la relation entre l'engagement dans le jeu et l'aptitude à gérer la difficulté de garçons adolescents. Les scientifiques ont observé des jeunes sans troubles du développement ainsi que d'autres manifestant des troubles émotionnels. Comme dans l'étude en maternelle, ils ont trouvé une corrélation directe et significative entre le niveau d'engagement dans le jeu et l'habileté à surmonter des épreuves pour les deux groupes de garçons. Leur conclusion : le jeu permet d'améliorer l'aptitude à gérer une difficulté, notamment grâce à une meilleure adaptabilité et à une flexibilité accrue face aux problèmes et aux objectifs[14].

C'est logique. Quand votre fille fait le cochon pendu, escalade un arbre ou saute du rocher le plus haut, elle teste une situation à risque dont elle seule peut estimer le niveau exact de dangerosité acceptable. Il est très important qu'elle se sente aux commandes de la quantité de stress supportable. Cela lui permet de se poser en maître de sa vie. Les jeunes animaux, notamment les primates, se conduisent de la même manière. Ils bravent délibérément le péril, sautent, se balancent de branche en branche tout en se contorsionnant, augmentant la difficulté d'un éventuel atterrissage. Ils apprennent à affronter leur peur et à la gérer[15]. La bagarre « pour de faux », déjà mentionnée ci-avant, sert le même objectif. Les animaux prennent eux-mêmes soit le rôle de l'agresseur, soit celui de l'agressé pour comprendre les défis émotionnels associés à ces rôles.

Pour un enfant, les situations sociales produisent elles aussi du stress. Les jeux en groupe permettent à la fois d'affronter le conflit et de développer la coopération et le self-control[16]. Peur et colère surgissent, deux émotions parmi d'autres que les enfants doivent apprendre à gérer s'ils veulent continuer à participer. Quand ils jouent entre eux, ils ne risquent pas de se couvrir d'éloges. Ils négocient les règles et les rôles de chacun, encore et encore, tout en se plaçant à l'écoute des émotions des autres joueurs : si quelqu'un s'énerve et abandonne le jeu, c'est terminé pour tout le monde[17]. Comme ils ont fondamentalement besoin de jouer les uns avec les autres, ces situations exigent qu'ils s'entraînent à bien s'entendre avec leurs pairs, en tant que partenaires égaux. Voilà une compétence vitale pour leur futur bonheur !

Au Danemark, de nombreuses écoles mettent en place des programmes d'apprentissage par le sport et le jeu, pour tous les enfants. La Patrouille du Jeu, par exemple, s'adresse aux enfants les plus jeunes des écoles élémentaires et est animée par les plus âgés. Ce programme, piloté par les élèves eux-mêmes, encourage les petits et les grands à jouer à divers jeux, à cache-cache, aux pompiers, aux gendarmes et aux voleurs et à solliciter les plus timides et les plus solitaires pour les amener à participer[18]. En mélangeant les groupes d'âge, ce type de programme aide les enfants à se tester autrement que lorsqu'ils s'amusent avec leurs parents ou leurs enseignants. Il favorise par ailleurs le développement des compétences sociales et du self-control[19] tout en réduisant considérablement le risque de harcèlement.

Lego vient de *leg godt*, jouer bien

Presque tout le monde connaît Lego, presque tout le monde a joué avec les célèbres petites briques de couleurs au moins une fois dans sa vie. C'est l'un des jouets les plus prisés de l'histoire, couronné « jouet du siècle » par le magazine *Fortune* au début de ce millénaire. On y joue dans le monde entier, un nombre incalculable d'heures. Son concept de base, inchangé depuis la création de l'entreprise, repose sur quelques petits blocs de construction, initialement en bois, aujourd'hui en plastique. Il s'adresse à tous les âges, selon la zone de développement proximal de l'enfant. Quand l'enfant est prêt à passer à un niveau plus élevé, il change de Legos. En jouant aux Legos avec votre fille, vous l'aidez en douceur à maîtriser une difficulté croissante[20]. Elle peut aussi jouer seule ou avec des amis.

La plupart des gens ne savent pas que les Legos viennent du Danemark, où un charpentier les a inventés, en 1932. Il les a baptisés Lego en contractant l'expression *leg godt* qui signifie « jouer bien ». Déjà à cette époque, l'idée d'utiliser son imagination dans le jeu était très installée au Danemark.

Kompan est une autre société danoise leader mondial elle aussi dans le domaine du jeu : elle crée des aires de jeux de plein air récompensées de nombreuses fois pour leur simplicité, leur qualité et leur capacité à entraîner les enfants vers le jeu[21]. La société a pour mission de promouvoir l'éveil et l'apprentissage *via* le jeu. Elle a été fondée voici plus de quarante ans, suite à la création accidentelle de la première aire de jeux de plein air : un artiste avait installé son œuvre d'art colorée dans la cour plutôt morne d'un HLM, afin de l'égayer. Il a vite constaté que son œuvre obtenait l'adhésion des enfants, qui jouaient avec et grimpaient dessus, plus que l'admiration des adultes. Aujourd'hui, Kompan est le premier fournisseur du monde en aires de jeux de plein air.

Un pays de seulement cinq millions d'habitants a donc produit en son sein deux leaders mondiaux fournisseurs de jeux d'intérieur et d'extérieur.

La prochaine fois que vous verrez des enfants se balancer d'une branche, sauter du haut d'un rocher ou jouer à la bagarre avec des amis, si vous avez envie d'intervenir et de les protéger du danger, rappelez-vous : ils apprennent à maîtriser un niveau de stress supportable. Quand ils jouent en groupe avec des enfants difficiles, si vous êtes tentés de les prendre sous votre aile, n'oubliez pas : ils renforcent leur self-control et assimilent les bases de la négociation avec toutes sortes de personnalités afin de continuer à jouer. Ils testent leurs propres compétences tout en développant leur adaptabilité. Plus ils jouent, plus ils deviennent résilients et socialement habiles, dans un processus complètement naturel. Pour construire leur bonheur, rien de tel que *Leg godt*, le *jouer bien*, comme pierre angulaire.

Recettes de jeux

1. Tout éteindre

Éteindre la télévision et tout appareil électronique ! L'imagination joue un rôle essentiel dans l'efficacité du jeu.

2. Créer un environnement enrichissant

Les scientifiques ont montré que la création d'un environnement de jeu riche, disposant d'une grande variété de matières et de supports s'adressant aux différents sens (visuel, auditif, tactile...), favorise et optimise le développement cérébral pendant le jeu[22].

3. Utiliser l'art

Quand les enfants créent quelque chose, leur cerveau se développe. C'est pourquoi il est préférable de ne pas leur montrer comment faire, mais de s'en tenir à la fourniture du matériel artistique et de faciliter la création spontanée.

4. Explorer en extérieur

La nature fourmille d'endroits où les enfants peuvent développer leur imagination et s'amuser : dans les bois, au parc, à la plage, partout. Dès que vous trouvez un lieu sûr où vous n'avez pas peur de les lâcher, vous pouvez les laisser partir à l'aventure en toute liberté.

5. Mélanger les âges

Mélanger les âges améliore l'efficacité de la zone de développement proximal : les enfants apprennent naturellement les uns des autres et passent à une nouvelle étape de leur développement. Ainsi, ils alternent entre diriger le jeu avec les plus jeunes et coopérer avec les plus âgés, ce qui leur enseigne le self-control et la négociation, aptitudes très utiles.

6. Leur donner de la liberté et oublier sa culpabilité

Les enfants n'ont pas besoin d'adultes régissant leurs activités. Ils n'ont pas besoin de jouets. Plus vous les laissez aux commandes, plus ils utilisent leur imagination et créent eux-mêmes leurs jeux. Et plus ils deviendront compétents. Ils développent des habiletés inestimables en jouant librement. Nous oublions l'importance du jeu libre parce que nous fonçons tête baissée dans l'organisation d'activités diverses et variées. Peut-être avons-nous peur qu'ils n'apprennent pas assez. Il suffit pourtant de les laisser jouer et d'arrêter de se sentir coupables parce que nous ne faisons « rien ». Le jeu libre, voilà ce qui leur manque.

7. Jouer vrai

Si vous souhaitez jouer avec vos enfants, il est préférable de vous investir à 100 %, sans avoir peur du ridicule. Vous pouvez leur laisser les rênes, cesser de vous inquiéter du qu'en-dira-t-on et vous abstenir de penser à ce que vous faites. Se mettre à leur niveau et lâcher prise, ne serait-ce que vingt minutes par jour si c'est difficile pour vous, vaut davantage que tous les jouets du monde.

8. Les laisser aussi jouer seuls

Jouer seul est extrêmement important pour les enfants. Souvent, quand ils jouent seuls avec leurs jouets, ils intègrent une nouvelle expérience, un conflit, un événement de la vie de tous les jours. En jouant à faire semblant, en imitant plusieurs voix, ils rejouent ce qui leur est arrivé, dans leur monde. Non seulement le jeu leur apporte d'immenses vertus thérapeutiques, mais il développe leur imaginaire et leur imagination.

9. Créer une course d'obstacles

Il suffit de quelques petits tabourets et d'un matelas et vous pouvez créer chez vous une course d'obstacles, ou à défaut, libérer un espace où vous les laisserez bouger, sauter, débrider leur imagination, grimper, jouer, explorer, improviser en toute liberté, sans vous stresser.

10. Impliquer d'autres parents

Plus il y aura de parents adeptes du jeu libre, persuadés de son impact positif sur la santé de leurs enfants, plus les enfants s'amuseront ensemble tout seuls, sans le concours d'adultes organisateurs d'activité. Aux États-Unis, les pédiatres ont publié un manifeste visant à convaincre les parents de l'intérêt du temps passé à jouer[23]. Le jeu apporte beaucoup aux enfants : à nous de l'encourager et d'en parler aux autres parents.

11. Éviter d'intervenir trop rapidement

Il est judicieux d'éviter de juger les enfants des autres trop durement et d'intervenir trop rapidement dans l'idée de protéger les nôtres. Parfois, c'est en apprenant comment gérer les enfants les plus difficiles que les enfants assimilent les leçons les plus importantes en self-control et résilience.

12. Lâcher prise

On peut laisser les enfants se débrouiller seuls. Si nous ressentons le besoin de les « sauver », nous pouvons reculer d'un pas, inspirer profondément et nous dire qu'ils sont en plein apprentissage de toutes sortes de compétences critiques pour leur bonheur.

3.
L'AUTHENTICITÉ

« Il n'y a point d'héritage aussi riche que l'honnêteté*. »

William Shakespeare,
Tout est bien qui finit bien.

* Acte 3, scène 5, trad. Louis Guizot. *(N.d.T.)*

Quand on cherche à se détendre, il suffit parfois d'un petit film qui finit bien. Mais il arrive que le *happy end* ne nous procure aucun plaisir parce que, en dépit même de cette fin heureuse, quelque chose ne colle pas. En comparaison, notre vie nous paraît moins heureuse. Notre travail, notre relation amoureuse, notre maison, notre voiture, nos habits n'arrivent pas à la hauteur de ce que nous venons de voir. Finalement, rien dans le film ne nous semble réaliste. Puis nous passons à autre chose : ce n'était qu'un petit film sans prétention, pas la peine d'en faire un plat. La plupart des films produits par l'industrie hollywoodienne visent à nous détendre, à nous faire du bien. Ces fictions imitent la réalité, mais on se demande parfois où est passée la réalité dans leurs *happy end* dégoulinants de miel et de rose.

Les films danois, en revanche, sont couramment moroses, tristes, ou finissent mal. Le *happy end* auquel Hollywood nous a habitués est exceptionnel. Souvent, en regardant un film danois, Jessica attendait la musique de fin qui lui annoncerait que ses souffrances allaient prendre fin et que tout finirait bien. La jeune fille tomberait dans les bras du jeune homme, le héros sauverait la planète et tout le monde serait content.

En tant qu'Américaine, c'était comme si les dénouements heureux faisaient partie de ses droits civiques. Mais le plus souvent, les films danois évoquent un sujet sensible, réel, des questions douloureuses que les fins n'escamotent pas comme par magie. Dans les films danois, on ne balaie pas la poussière pour ensuite la cacher sous le tapis, au contraire. Au Danemark, Jessica et ses compatriotes sortent souvent du cinéma avec leurs émotions à vif, brutes, non résolues. Comment les Danois peuvent-ils aimer ce genre de film ?

À l'université d'État d'Ohio, la professeure en communications Silvia Knobloch-Westerwick et ses collègues ont prouvé que, contrairement aux idées reçues, regarder des films tragiques ou tristes nous rend plus heureux, car ils nous aident à voir les bons côtés de notre propre vie, à ressentir de la gratitude envers nos proches, à replacer les choses dans leur contexte. Ces films nous enrichissent et nous connectent avec ce qui fait de nous des humains[1].

La vie n'est pas un conte de fées

Hans Christian Andersen est sans doute l'écrivain danois le plus célèbre de l'histoire. Il est l'auteur d'un grand nombre de contes, *La Petite Sirène*, *Le Vilain*

Petit Canard, *Les Habits neufs de l'empereur*, pour n'en nommer que quelques-uns. Ses histoires ont été traduites et racontées dans les langues du monde entier. Mais la plupart des lecteurs ne savent pas que les versions originales écrites par Andersen ne se terminent pas du tout comme des contes de fées. Ce sont des tragédies. *La Petite Sirène*, par exemple, n'épouse pas le prince, mais fond de tristesse et se transforme en écume[2]. De nombreux contes d'Andersen ont simplement été adaptés à un autre idéal culturel lors de leur traduction. Dans ces adaptations, les adultes ont soigneusement supprimé tout ce qui, d'après eux, ne devait pas tomber dans l'oreille d'un enfant, puis ils ont réécrit les dénouements.

Au Danemark, comme dans les versions originales des contes, c'est au lecteur de tirer ses propres conclusions. Les Danois pensent que les tragédies et autres calamités fournissent elles aussi matière à discussion[3]. D'après eux, nos souffrances nous renseignent davantage sur le caractère humain que nos réussites ; il est donc important d'étudier toutes les composantes de la vie. Ils considèrent cette approche comme plus authentique. Elle leur permet de développer une plus grande empathie, un profond respect envers l'humanité et une vive gratitude envers les petites choses de la vie, ces petites choses que nous prenons comme acquises si nous fixons trop notre attention sur un idéal de vie « conte de fées ».

Pour les Danois, l'authenticité commence avec la compréhension des émotions. Si nous expliquons à nos enfants comment reconnaître et accepter leurs authentiques émotions, agréables ou désagréables, comment réagir en cohérence avec leurs valeurs, alors les difficultés inhérentes à la vie ne les terrassent pas. Ils savent que leurs actes sont en phase avec leur ressenti. Ils admettent leurs propres limites et les respectent. Parce qu'elles sont fondées sur leurs valeurs, leur boussole intérieure et leur estime de soi deviennent des guides très puissants, les accompagnant toute leur vie, résistant fermement aux pressions extérieures.

La parentalité authentique

Si l'on souhaite éduquer des enfants sincères envers eux-mêmes et envers les autres, la première étape, en tant que parent, consiste à prendre son courage à deux mains et à cultiver sa propre authenticité. Rien de tel que d'être soi-même un modèle de bonne santé émotionnelle. En termes d'émotions, nos enfants n'ont pas besoin d'une illusoire perfection, mais d'honnêteté. Ils nous regardent en permanence ressentir la colère, la joie, la frustration, la satisfaction ou la réussite et l'exprimer à la face du monde. Notre authenticité est critique, car nous sommes leurs modèles. Ainsi, nous leur montrons par l'exemple que chaque émotion est naturelle, qu'il est « OK » de la ressentir. De nombreux parents préfèrent accueillir les émotions agréables de leurs enfants et éprouvent des difficultés avec leurs émotions et réactions émotionnelles désagréables, plus épineuses à gérer, telles la colère, l'agressivité, la peur et l'anxiété. En conséquence, leurs enfants en savent moins sur ces émotions déplaisantes, ce qui peut les empêcher, plus tard, d'apprendre à les réguler. Enfant, reconnaître et accepter toutes ses émotions, même les plus dures, aide à naviguer le monde.

Quand on traverse une passe difficile, par exemple, il n'est pas toujours pertinent d'affirmer avec le sourire que tout va bien. On trompe son monde en se trompant soi-même. Il n'est pas pire mensonge, car nos enfants apprennent eux aussi à mentir en taisant leurs ressentis. Cela peut les pousser à prendre leurs décisions sur la base d'influences extérieures et non sur leurs authentiques désirs. Ils empruntent alors des chemins de vie sans lien avec leurs intentions réelles. Et finissent malheureux. De nombreux adultes ressentent ainsi le besoin de faire le point à un moment de leur vie : « C'est la vie que je souhaite ? Vraiment ? Ou est-ce celle que je suis censé(e) mener ? »

À l'inverse, l'authenticité puise dans notre cœur et nos tripes et nous permet d'identifier ce qui sonne juste pour nous et nos proches. Puis elle nous aide à suivre notre voie sans peur, tout en restant connectés à nos émotions et en agissant de concert avec elles plutôt que de les enfouir ou de les endormir. Cela demande du courage, de la force, mais nous y gagnons énormément. Pour atteindre le bien-être, il vaut mieux apprendre à suivre nos propres buts, comme améliorer nos relations intimes, avoir une marotte, que répondre à des motivations extérieures à soi, comme par exemple acheter une nouvelle voiture.

Voilà pourquoi vouloir une plus grosse maison ou inscrire nos enfants à un maximum d'activités extrascolaires est un piège que l'on se tend à soi-même. Autre piège : projeter nos propres rêves ou ceux des autres sur nos enfants, plutôt que d'écouter leurs désirs avec soin et respecter leur propre rythme de croissance et de développement. S'ils sont sous pression ou trop complimentés, les enfants apprennent à agir dans le but d'obtenir une reconnaissance extérieure et non pour leur satisfaction intérieure. Peu à peu, cette posture par défaut encourage les motivations extérieures : les enfants ont besoin de quelque chose à l'extérieur d'eux-mêmes pour être heureux. Cela peut les amener à rencontrer le succès, tel que défini par telle ou telle personne de leur entourage, sans pour autant leur fournir la sensation de bonheur et de bien-être profond, interne, que nous recherchons tous. Et c'est la porte ouverte à l'anxiété et à la dépression.

La recette danoise des encouragements

Depuis très longtemps, les Danois accordent à l'humilité une valeur cardinale[4]. L'humilité fait partie de leur héritage culturel. Elle découle d'une forte connaissance de soi : puisque vous savez qui vous êtes, vous n'avez besoin de personne pour vous sentir important. En conséquence, les Danois s'efforcent de ne pas couvrir leurs enfants d'éloges.

Souvent, Iben dit à ses filles qu'elles peuvent faire ce qu'elles veulent du moment qu'elles travaillent dur. Elle les encourage à œuvrer à leur propre grandissement, mais elle ne les submerge pas de louanges. D'après elle, ses filles ne sauraient que faire d'une surabondance de compliments parce qu'ils finiraient par sonner faux, creux. Ainsi, ses filles ont assimilé l'idée qu'elles sont aux premières lignes de leur propre développement.

De manière générale, quand une petite Danoise gribouille quelque chose très rapidement et le donne à sa mère, cette dernière ne s'extasie pas sur la créativité de sa fille. Au lieu de « Waouh ! Bravo ! Tu es une super artiste ! » elle questionne plutôt le dessin : « Qu'est-ce que c'est ? » « Pourquoi as-tu choisi ces couleurs ? » Si c'est un cadeau, elle dira tout simplement « Merci ».

L'approche danoise tient en quelques mots : concentrer son attention sur la tâche accomplie sans nécessairement recourir aux éloges. Ainsi, les parents aident l'enfant à se focaliser sur son travail et lui enseignent l'humilité. Au lieu de le placer dès le départ au niveau des maîtres, ils lui montrent la satisfaction qu'apporte l'apprentissage d'une compétence. Ils lui fournissent une base solide sur laquelle grandir et développer son moteur interne et sa résilience.

Des études récentes et passionnantes le prouvent : la façon dont on complimente nos enfants a effectivement un impact profond sur leur résilience !

L'état d'esprit fixe et l'état d'esprit de développement

Aux États-Unis, de nombreux adultes croient que féliciter les enfants pour leur intelligence développe leur confiance et leur motivation à apprendre. Ils ont tendance à les complimenter sans compter, persuadés de bien faire. Mais à Stanford, grâce à trente années de recherches, la psychologue Carol S. Dweck a montré que c'était faux.

La façon dont un enfant perçoit son intelligence dépend fortement de la façon dont il est complimenté. S'il est constamment félicité pour son intelligence, son talent inné ou sa précocité (cela vous parle ?), il développe ce que Carol S. Dweck appelle un état d'esprit « fixe » (son niveau d'intelligence est figé, il en a en quantité déterminée)[5].

À l'inverse, l'enfant à qui on explique que son intelligence augmente avec son travail et ses apprentissages acquiert un état d'esprit de développement (il progresse vers de nouvelles compétences grâce à son travail).

Les recherches de Dweck montrent que les enfants dont l'état d'esprit est fixe, à qui on a répété qu'ils étaient intelligents, ont tendance à s'intéresser avant toute chose à la façon dont ils sont jugés : intelligents ou pas. Ils craignent de devoir fournir des efforts parce qu'ils ont associé l'idée de l'effort avec le manque d'intelligence. S'ils doivent travailler, alors ils se sentent bêtes. Ils croient qu'avoir des facilités signifie qu'il n'y aura jamais de coup de collier à donner. Puisqu'on leur a toujours répété qu'ils avaient du talent, ils ont peur de perdre leur statut d'« enfant brillant » s'ils peinent à atteindre un but[6].

Les enfants équipés d'un état d'esprit de développement ont tendance à aimer apprendre. S'ils sont encouragés à concentrer leur attention sur leurs efforts plutôt que sur leur intelligence, ils perçoivent favorablement l'effort. L'effort est l'étincelle qui éveille leur intelligence et le carburant qui la fait grandir. Suite à un échec, au lieu de baisser les bras, ils redoublent d'efforts et cherchent de nouvelles stratégies d'apprentissage[7]. Voilà la quintessence de la résilience.

Comment passer sa vie à apprendre et à réussir

De plus en plus d'études en psychologie et en neurosciences s'accordent avec l'idée qu'un état d'esprit de développement est le vrai catalyseur de toute réussite exceptionnelle. L'observation du cerveau montre qu'il est bien plus plastique tout au cours de notre vie que nous ne le pensions, plus malléable que dans nos rêves les plus fous. Même vieillards, nous pouvons encore aiguiser différents aspects de notre intelligence[8]. Les ingrédients magiques pour cultiver notre intelligence jusqu'au bout et engranger les succès dans toutes sortes de domaines sont l'engagement et la persévérance face aux obstacles[9].

Voilà qui nous ouvre les yeux sur les raisons empêchant tant de gens brillants et talentueux à mobiliser leur potentiel : comme leur état d'esprit fixe les a persuadés de leur intelligence innée, ils se dispensent de tout effort si la réussite ne vient pas d'elle-même, facilement. Vous connaissez certainement de telles personnes dans votre entourage ?

Dweck et ses collègues ont réalisé plusieurs études fascinantes centrées sur des élèves de CM2, montrant l'impact des félicitations et des encouragements sur leurs performances[10]. Dans la première étude, différents groupes avaient les mêmes tâches à accomplir, mais recevaient différents types d'encouragements pour leur travail : « Si tu as réussi ces problèmes, c'est que tu es très intelligent(e) », renforçant un état d'esprit fixe pour les uns, ou « Tu as travaillé dur afin de réussir ce problème », promouvant un état d'esprit de développement, pour les autres. Ensuite, les élèves devaient dire s'ils étaient plutôt d'accord ou plutôt pas d'accord avec des affirmations du type : « Mon intelligence est quelque chose de fondamental en moi que je ne peux pas vraiment changer. » Les élèves félicités pour leur intelligence adhéraient davantage à cette dernière affirmation que ceux valorisés pour leurs efforts.

Dans une étude de suivi, ces mêmes élèves ont donné leur définition de l'intelligence. Les enfants félicités pour leur intelligence ont déclaré qu'ils pensaient que l'intelligence était un trait inné et figé, tandis que les enfants appréciés pour leurs efforts ont dit qu'elle pouvait se développer avec le travail.

Ensuite, les élèves ont eu le choix entre travailler sur un problème facile ou sur un problème difficile. Les élèves félicités pour leur intelligence ont choisi le problème facile, probablement dans le but d'assurer le succès total. Ceux dont le travail avait été valorisé ont opté pour le problème difficile leur offrant la possibilité d'apprendre quelque chose. Ensuite, tous les élèves ont eu une tâche compliquée à réaliser. Les enfants dont l'état d'esprit était fixe ont perdu confiance et leur plaisir s'est évanoui dès qu'ils se sont heurtés à des difficultés dans la résolution de l'exercice. De leur point de vue, le succès, par définition, étant lié au fait d'être intelligents de naissance, s'ils rencontrent des difficultés, ils ne sont *de facto* pas intelligents. Les autres enfants, en revanche, grâce à leur état d'esprit de développement, n'ont pas perdu confiance et se sont lancés dans la résolution du problème avec ardeur.

Pour le problème suivant, simple cette fois, les élèves complimentés pour leur intelligence ont globalement réalisé de très mauvaises performances : ils avaient perdu leur confiance et motivation lors du problème difficile. Ils ont moins bien réussi cette tâche facile que le premier exercice facile qui leur avait été proposé au tout début de l'étude. En revanche, l'autre groupe d'élèves, encouragés pour leurs efforts, a nettement progressé, réussissant globalement très bien le second exercice facile.

La suite de l'étude est encore plus intéressante : les chercheurs ont demandé aux élèves de s'autocorriger et de s'attribuer eux-mêmes une note, de manière anonyme. Plus de quatre enfants sur dix dotés d'un état d'esprit fixe se sont surnotés. La représentation qu'ils ont d'eux-mêmes étant tellement enracinée dans leurs notes, ils n'ont pas su reconnaître leur échec, contrairement aux élèves équipés d'un état d'esprit de développement, qui n'ont augmenté leurs notes qu'une fois sur dix. D'autres études consacrées à la tricherie en milieu scolaire confirment que, dans le but d'obtenir de bonnes notes, les élèves d'aujourd'hui ont davantage tendance à tricher que les élèves des générations précédentes, reflétant ainsi l'augmentation générale de la pression sociale pour une obligation de résultat, associée, dans bien des cas, avec un état d'esprit fixe.

Nous croyons que dire aux enfants qu'ils sont intelligents les valorise et les pousse à devenir confiants, mais face à la difficulté, cela leur enlève de l'assurance ! En félicitant les élèves pour leur intelligence, nous ne leur donnons ni la motivation de réussir ni la résilience critique au succès : nous risquons plutôt de les équiper d'un état d'esprit fixe avec toute la vulnérabilité que cela comporte. À l'inverse, en encourageant l'effort ou le « processus » (l'engagement, la persévérance, les stratégies, l'amélioration) nous favorisons la motivation et la résilience. Il suffit de souligner comment les enfants ont réussi et ce qu'ils ont besoin de faire pour réussir dans le futur.

Un article récent du *New York Times* explique que les entreprises d'aujourd'hui recrutent des personnes dotées d'un état d'esprit de développement plutôt que des personnes démontrant un état d'esprit fixe[11]. Puisque les premières encouragent davantage l'esprit d'équipe et la résolution de problèmes sans stress, elles présentent davantage d'attraits pour la majorité des organisations. Les personnes talentueuses « de naissance » tendent à être plus égocentriques et à se préoccuper davantage de leur carrière, à chercher à devenir une star dans l'organisation. Celles qui savent s'atteler à la tâche avec persévérance et résilience en épaulant leurs collègues avec gratitude ont davantage de chances d'être embauchées et donc de devenir un jour P-DG.

Exemples d'encouragements centrés sur le processus

« J'aime ta façon de poser les pièces de ton puzzle, en essayant et en essayant encore. Tu n'as pas laissé tomber et tu as trouvé un moyen de le terminer ! »

« Tu t'es entraîné(e) tellement longtemps ! Aujourd'hui, tes efforts ont porté leurs fruits. Tu as très bien dansé ! »

« Je suis tellement fière de t'avoir vu(e) partager ton goûter avec ton frère. Cela me fait très plaisir de vous voir partager quelque chose. »

« Tu as eu des devoirs difficiles ce soir, mais tu t'es concentré(e) et tu les as faits. Je suis fière de ta concentration et de ta persévérance. Bravo ! »

Recettes de l'authenticité

1. Débusquer nos faux-semblants

Avant tout, être honnête avec soi-même. Apprendre à regarder sa vie avec authenticité. Être capable de ressentir et de nommer ses propres émotions. Savoir comment on se sent vraiment est un jalon déterminant. On peut alors enseigner l'honnêteté émotionnelle à nos enfants et ainsi éviter qu'ils ne tombent dans le piège des auto-illusions ; voilà un cadeau précieux. Reconnaître et exprimer ses vraies pensées, ses vrais sentiments aide à rester sur le chemin de ce qui rend heureux. L'honnêteté émotionnelle calibre la boussole intérieure qui indique la bonne direction.

2. Incarner l'honnêteté

Les enfants savent parfaitement détecter les mensonges. Quand ils nous posent une question, il est préférable de répondre avec honnêteté. Bien sûr, il convient d'élaborer une réponse en phase avec leur âge et leur capacité de compréhension. Notre honnêteté importe, dans nos échanges comme dans tous les aspects de la vie, même dans les moments les plus difficiles à traverser. En manquant d'authenticité, nous sapons l'habileté de nos enfants à séparer le vrai du faux. La duplicité les déstabilise.

3. Partager nos souvenirs d'enfant

Tous les enfants aiment quand les parents racontent leur expérience d'enfant, ce qui leur est arrivé, ce qu'ils ont ressenti, surtout quand le souvenir n'est pas fabriqué et qu'ils le partagent du fond du cœur. À tout moment, quand nous attendons chez le médecin avec notre enfant, quand nous jouons avec lui et même si la tension monte entre nous deux, nous pouvons lui raconter notre enfance. Non seulement il nous connaîtra mieux, mais il comprendra que sa situation est naturelle, même s'il éprouve de la peur, de la joie ou de la tristesse.

4. Enseigner l'honnêteté

Expliquer aux enfants à quel point l'honnêteté compte dans la famille. La présenter comme une valeur. Leur faire comprendre que, quand ils font une bêtise ou ont un comportement inacceptable, l'honnêteté nous importe davantage que la punition. Si la colère nous pousse à les affronter en les accusant et en les menaçant, ils auront peur de nous dire la vérité. En les sécurisant, nous les aidons à être honnêtes. Quel que soit l'âge de l'enfant, avouer la vérité demande du courage. Cela ne vient pas toujours naturellement, mais, en retenant notre jugement, nous pouvons leur donner le courage d'être honnêtes et d'accepter la vulnérabilité associée à un aveu. Une relation honnête bien entretenue au fil du temps deviendra un atout critique à l'adolescence.

5. Lire des histoires couvrant tout l'éventail des émotions

Lire toutes sortes d'histoires aux enfants. Ne pas avoir peur quand elles finissent « mal », sans *happy end*. Choisir volontairement des livres traitant de sujets difficiles et qui ne se terminent pas comme les contes de fées. Les enfants apprennent énormément de la tristesse et de la tragédie (quand c'est adapté à leur âge, bien sûr). Ils s'ouvrent aux discussions honnêtes sur différents aspects de la vie au moins aussi importants que la question de savoir si le prince épousera la princesse. S'exposer aux hauts et aux bas de la vie encourage l'empathie et la résilience, donne un sens à l'existence et nous emplit de gratitude.

6. Encourager en commentant le processus, le travail
Les messages d'appréciation positive les plus constructifs et les plus utiles s'attachent à la qualité, pas à la quantité. Focaliser les encouragements sur le processus ou les efforts fournis par les enfants et non sur les capacités innées. « Tu as travaillé dur pour préparer ce contrôle et tes résultats le montrent. Tu as lu tes leçons de nombreuses fois, tu as noté les points essentiels et tu t'es auto-interrogé. Ça a vraiment marché ! »
Chacun peut créer ses propres exemples d'encouragements. C'est en forgeant que l'on devient forgeron : plus nous utilisons ce type de valorisation des efforts de nos enfants et évitons les « Tu es tellement intelligent », plus c'est facile. En concentrant nos encouragements sur les efforts à fournir, nos enfants comprennent que la persévérance compte davantage que les capacités dont on hérite au berceau. Au final, leur estime d'eux-mêmes s'en trouve renforcée.

7. Éviter les félicitations systématiques
Inutile de couvrir l'enfant de louanges s'il a réalisé une tâche trop facile. Sinon, il apprend qu'il n'est digne d'éloges que quand il termine un travail rapidement, facilement et parfaitement. Cela ne l'aide pas à affronter la

difficulté. Par exemple, si votre enfant obtient des « très bien » ou des 20/20 sans avoir fourni d'effort, vous pouvez lui dire « Bon, c'était beaucoup trop facile pour toi ! Et si on essayait quelque chose de plus compliqué qui t'apprendrait quelque chose ? » En bref, on ne s'émerveille pas quand le travail est facile.

8. Se concentrer sur l'effort et rester sincère

Attention, en cas d'échec ou d'erreur, dire des choses comme « C'est bien ! », « Tu as fait du mieux possible » ou « Tu auras plus de chance la prochaine fois » peut être perçu comme de la pitié. Se concentrer sur ce qui a été accompli, comment améliorer, aller plus loin : « Je sais que tu n'as pas atteint ton objectif, mais tu y étais presque ! On s'entraînera cette semaine et la prochaine fois, tu y arriveras. Tu sais, plus on s'entraîne, plus on progresse ! » En concentrant nos encouragements sur l'effort nécessaire à l'apprentissage, nous créons un état d'esprit de développement bénéfique dans tous les aspects de la vie, professionnelle ou privée.

9. Éviter les comparaisons

À nous d'enseigner aux enfants à ne pas se comparer aux autres. Il est préférable qu'ils déterminent par eux-mêmes s'ils ont fait du mieux possible ou s'ils pensent qu'ils auraient pu mieux faire. Personne ne peut être le meilleur partout, mais on peut être le meilleur pour soi-même. Pour atteindre le bien-être, voilà une attitude plus efficace que la compétition permanente avec autrui.

10. Mettre l'accent sur l'unicité et l'authenticité de chaque perspective, la nôtre comme celle de l'enfant, en terminant les phrases par « à mon avis ».
En terminant nos phrases avec « à mon avis » ou « pour moi », on envoie un signal fort à l'enfant : nous l'aidons à comprendre que notre propre expérience d'une situation particulière n'est pas nécessairement identique à celle de l'enfant. Par exemple, si votre fille trouve sa nourriture trop chaude et pas vous, il est important de vous rappeler que, même si le plat n'est pas brûlant pour vous, il l'est peut-être pour elle. Dire « Tu trouves que c'est trop chaud ? Ce plat n'est pas brûlant, pour moi » permet à votre fille de comprendre les points de vue divergents. Autre exemple, plutôt que dire « Il ne fait pas froid », vous pouvez dire « Tu as froid, toi ? Il ne fait pas froid, pour moi » ou « Je n'ai pas froid ». Respecter l'expérience de chacun, c'est construire la confiance et le respect. L'enfant reconnaît qu'il vit une expérience unique et peut lui faire honneur.

4.
LE RECADRAGE

« Il neige encore, dit Bourriquet d'un air sombre.
— C'est vrai.
— Et il gèle.
— Vraiment ?
— Oui, dit Bourriquet. Cependant, ajouta-t-il en s'égayant un peu, on n'a pas eu de tremblement de terre, ces derniers temps. »

A. A. Milne,
Winnie l'ourson

Jessica se souvient du moment où elle a voulu comprendre comment exactement les Danois parvenaient à déminer toutes les petites crises si pénibles du quotidien avec leurs enfants. Un matin, sa fille a poussé un hurlement puis crié haut et fort son dégoût pour une araignée. Jessica a alors entendu son mari reformuler délicatement la répugnance de leur fille. Quelques minutes plus tard, la petite fille étudiait calmement l'araignée avec son père et s'en émerveillait.

De manière générale, quand sa fille l'énervait, Jessica avait tendance à baisser les bras très rapidement : « Rien à faire ! Elle ne veut pas ! Elle ne m'écoute pas ! » Son mari, lui, montrait davantage de patience et de calme. Et surtout, à la stupéfaction de Jessica, il dénichait chaque fois une phrase magique, comme s'il apportait la lumière dans l'obscurité et donnait ainsi un nouvel éclairage à la situation. Il parvenait à transformer un affrontement noir ou blanc en une situation plus nuancée, teintée de gris. La douleur faisait moins mal et la colère s'apaisait. Jessica avait déjà vu d'autres parents danois se comporter ainsi avec leurs enfants, choisissant leurs mots de manière à provoquer un changement de point de vue. Dans quel livre enchanté puisaient-ils leurs phrases magiques ?

Retirer ses vieilles lunettes (de nouveau)

Notre vision des choses détermine les leçons que nous tirons de nos expériences quotidiennes. En conséquence, elle façonne notre ressenti, un peu comme si nous portions des lunettes filtrantes. Pour la plupart, nous sommes inconscients de porter ces lunettes. Nous croyons que ce que nous percevons est la vérité. Notre vérité. Nous ne questionnons pas notre perception en tant que produit d'un apprentissage (souvent transmis par nos parents et notre culture), parce que, pour nous, elle est « ce qui est ».

Cette perception prédéfinie de la réalité forme ce que l'on appelle un « cadre ». Ce que nous percevons à travers ce cadre a l'odeur et la couleur de la vérité.

Et si nous examinions nos vérités d'une nouvelle manière ? Peut-on envisager les choses dans un nouveau cadre mental, plus large, plus ouvert ? Concrètement, quand une image nous vient à l'esprit, n'importe laquelle, peut-on en élargir le champ puis l'observer de nouveau ? Quand nous regardons cette « vérité » recadrée, que voyons-nous ?

Vous visitez un musée. Un tableau se présente devant vous. Vous décidez que la scène dépeinte est pessimiste ; dans une atmosphère lugubre, un homme prend un air méchant au côté d'une femme désespérée. Vous êtes sur le point de passer votre chemin, mais un guide s'installe près du tableau et le commente tout en décrivant les subtils détails. Vous remarquez des choses que vous n'aviez pas vues du premier coup d'œil. Ces détails ont toujours été présents, mais vous les avez ratés parce que vous étiez concentré sur ce que vous pensiez être le thème principal. Grâce au guide, le tableau raconte désormais une histoire radicalement différente de celle que vous aviez vue : au premier plan, un chien mord la main de l'homme ; cet homme n'est pas méchant, il a mal. La femme n'est pas désespérée, elle cherche à lui porter secours. À l'arrière-plan, vous n'aviez pas vu un enfant rire aux éclats. Par la fenêtre, une lumière de toute beauté se déverse dans la pièce. Derrière la vitre passe un couple jovial chargé de cadeaux. C'est le même tableau et il fourmille de détails qui vous avaient échappé. Ce changement de perspective et les découvertes qu'il suscite vous rendent euphorique. Vous avez de ce tableau une impression différente et vous en parlerez différemment autour de vous.

Avec la pratique, vous identifierez sans effort différentes histoires à partir d'une même situation de départ ; vous aurez acquis une nouvelle compétence :

le recadrage. Comme le guide, vous saurez proposer d'autres interprétations possibles.

Le recadrage d'une situation stressante (une dispute familiale, un désaccord avec un collègue, un enfant rebelle) peut-il augmenter votre bien-être ? Affirmatif, sans hésiter ! Les Danois le pratiquent depuis des siècles. Ils l'enseignent à leurs enfants qui en grandissant deviennent des experts. Maîtriser le recadrage est un des piliers de la résilience.

L'optimisme réaliste

Un jour glacial, quand le ciel nuageux gris sombre déverse une pluie verglaçante, si vous demandez à un Danois ce qu'il pense du temps, il vous répondra tout naturellement :

« Heureusement que je travaille ! »

« Je suis bien contente de ne pas être en vacances ! »

« J'ai hâte de rentrer chez moi ce soir me faire dorloter et câliner mes enfants. »

« Le mauvais temps, ça n'existe pas. C'est juste un problème de mauvais vêtement ! »

Si vous dites « Quel dommage que ce soit déjà le dernier week-end des vacances ! », ils répliquent : « Oui, mais c'est le premier week-end du reste de nos vies ! »

Où sont les Danois qui se plaignent ? Autant chercher une aiguille dans une botte de foin. Quel que soit le sujet, ils vous laisseront perplexe par leur capacité à injecter un point de vue positif dans la conversation.

Nous ne cherchons pas à insinuer que les Danois ont un point de vue exagérément positif sur la vie et qu'ils en édulcorent l'amertume. Les Danois ne flottent pas sur un petit nuage d'optimisme, tels ces gens toujours très contents de tout, au sourire scotché aux lèvres, dont la rengaine préférée est « Super ! » ou « Génial ! » Ces gens-là planent complètement. Pas les Danois. Ils n'ont pas la prétention de se croire imperméables aux difficultés. D'une manière très terre à terre, ils voient juste une autre facette de leurs tracas, facette que vous n'auriez pas nécessairement envisagée de prime abord. Non seulement ils choisissent de concentrer leur regard sur les aspects agréables des gens et des circonstances et non sur leurs aspects crispants, mais, plutôt que de s'embourber dans un point de vue unique, ils élargissent aussi leur perspective en grand-angle sur toutes les situations. Ensuite, ils tempèrent leurs affirmations. Du point de vue des psychologues, les Danois sont des « optimistes réalistes ».

Les optimistes réalistes ne sont pas des hyper optimistes au sourire greffé sur le visage – ces gens qui sonnent parfois faux tant leur vie paraît parfaite. Ces personnes hyper positives ont tendance à ignorer les mauvaises nouvelles et donc à négliger d'importantes vérités désagréables. Il est risqué de croire que tout va bien, de dire que « Non, il n'y a aucun problème, » quand ce n'est pas le cas. Les problèmes ont le potentiel d'exploser à la figure de qui les ignore. L'auto-illusion, dont nous avons parlé au chapitre 3, sous-tend le mécanisme. À l'opposé du spectre, les personnes vraiment très négatives et pessimistes ont tendance, elles, à ignorer les informations positives. Elles passent à côté des aspects plaisants de la vie et peuvent sombrer dans le désespoir.

Comment devenir un optimiste réaliste ? En restant au contact de la réalité, mais d'un point de vue positif. Les optimistes réalistes filtrent et expurgent les informations désagréables inutiles. Ils apprennent à faire la sourde oreille aux mots péjoratifs et développent l'habitude d'interpréter les situations ambiguës d'une manière positive. Ils ne voient pas les choses d'un point de vue exclusivement négatif ou positif, noir ou blanc, mais ils croient en l'existence de toutes sortes de nuances entre les deux. Se concentrer sur les aspects les moins négatifs des circonstances et chercher un juste milieu réduit le niveau d'anxiété et favorise le bien-être*.

* Dans *Le Test du Marshmallow*, le psychologue Walter Mischel ajoute que « l'affirmation de soi et son cortège d'illusions positives, tant qu'elles ne

Le recadrage protège de la souffrance

D'après Dean M. Becker, fondateur de la société Adaptiv Learning Systems, cité dans un article du *Scientific American Mind* : « La différence entre ceux qui réussissent et ceux qui échouent, ce n'est ni le diplôme, ni l'expérience, ni la formation, c'est avant tout le niveau de résilience de l'individu. C'est vrai dans les services de cancérologie, aux Jeux olympiques et aussi dans les comités de direction. » Or on devient résilient notamment en apprenant à recadrer les situations défavorables. Chez les psychologues, le recadrage est une technique thérapeutique appelée aussi « réévaluation cognitive »[1].

De nombreuses études montrent que quand nous choisissons délibérément de réinterpréter un événement déplaisant afin de mieux le « digérer », l'activité cérébrale baisse dans les zones liées au traitement des émotions pénibles, tandis qu'elle augmente dans les aires associées au contrôle cognitif et à l'adaptabilité[2]. Dans une expérience de réévaluation cognitive, les scientifiques ont

---

s'éloignent pas trop de la réalité, accroissent l'efficacité des systèmes physiologiques et endocriniens et les maintiennent en meilleure santé. Cet état d'esprit génère une baisse du niveau de stress ». (Lattès, 2014). p. 215. *(N.d.T.)*

présenté à deux groupes de participants des visages de personnes en colère[3]. Au préalable, ils ont expliqué aux membres du premier groupe ce qu'ils allaient voir : des visages d'individus qui venaient d'avoir une mauvaise journée et dont la colère ne s'adressait pas vraiment à qui que ce soit. Aux membres du second groupe, ils ont juste demandé de regarder les visages et de noter les émotions qu'ils suscitaient en eux. Ils ont découvert que les photos n'avaient absolument pas troublé les personnes du premier groupe, à qui ils avaient auparavant donné le cadre de l'attitude. En fait, l'analyse des signaux électriques de leur activité cérébrale, enregistrés pendant l'expérience, a montré que le cadrage cognitif avait annulé les signaux liés aux émotions pénibles. En revanche, les visages avaient perturbé les personnes du groupe ayant pu laisser libre cours à leurs émotions face aux photos. Nous ressentons ce que nous pensons.

Nous ressentons ce que nous pensons.

Lors d'une autre étude, des chercheurs de Stanford ont étudié la réaction de personnes atteintes de phobies des araignées et des serpents[4]. Au premier groupe de participants, ils ont expliqué comment recadrer leur expérience avant de les exposer à l'objet de leur phobie. Ils n'ont rien dit au second groupe, le groupe contrôle. Confrontées à des araignées ou à des serpents, les personnes du premier groupe ont exprimé une peur et une panique nettement moins fortes que celles du second groupe. Ce changement significatif dans leur réaction émotionnelle a perduré dans le temps : plus tard, lors d'une seconde exposition aux animaux, il s'est maintenu. Voilà qui prouve l'impact durable du recadrage cognitif.

Le recadrage modifie notre chimie cérébrale, mais il nous aide aussi à interpréter la souffrance, la peur, l'anxiété et toutes sortes d'émotions et réactions émotionnelles*. Il est le résultat direct des mots que nous employons pour réinterpréter nos expériences, qu'il s'agisse d'une reformulation à voix haute ou dans notre tête.

« Les limites de ma langue sont les limites de mon monde**. »

Le langage peut réduire notre monde à peau de chagrin. Quelques exemples de langage réducteur[5] : « Je déteste prendre l'avion », « Je cuisine très mal » ou « Je n'ai aucune volonté ; voilà pourquoi j'ai des kilos

* Dans *Le Test du Marshmallow*, le psychologue Walter Mischel parle de la réévaluation cognitive en termes de « mise à distance de soi ». (Lattès, 2014). pp. 183-193. *(N.d.T.)*

** Formule attribuée à Ludwig Wittgenstein. *(N.d.T.)*

en trop ». On peut présenter les mêmes circonstances avec un point de vue totalement différent : « J'aime voyager à la minute où je descends de l'avion », « Quand je cuisine, je préfère suivre les recettes à la lettre » et « Maintenant, je mange équilibré et je marche davantage ». Cette manière moins tranchée, moins noir ou blanc, moins réductrice de présenter la situation transmet une impression totalement différente. En vérité, nous pouvons choisir nos mots. Il est même critique de les peser soigneusement parce qu'ils dessinent le cadre à travers lequel nous voyons le monde. En reformulant nos pensées avec des mots plus réconfortants, moins contrastés, nous changeons nos impressions[6].

Il est impossible d'expliquer d'où vient la tendance des Danois à tout recadrer. Au Danemark, l'optimisme réaliste semble être le paramétrage par défaut, comme si savoir choisir ses mots pour réévaluer une situation était une compétence transmise de génération en génération. La plupart des Danois n'ont pas conscience d'avoir ce don. Mais d'après nous, ce même don explique en bonne partie pourquoi les Danois ressortent systématiquement en tête des classements sur le bonheur.

Le recadrage et les enfants

Le recadrage aide l'adulte à rediriger l'attention de l'enfant, depuis une situation de départ où l'enfant se sent dans l'incapacité de faire quelque chose, vers une situation souhaitée où ce même enfant réfléchit à ce qu'il peut faire. L'adulte aide l'enfant à voir les choses sous un autre angle et à se concentrer sur les conséquences ou les conclusions les moins négatives. Avec la pratique, ce point de vue peut s'installer comme point de vue par défaut, pour le parent comme pour l'enfant.

Quand notre enfant ou nous-mêmes employons un langage réducteur, du type « Je déteste ça », « Je n'y arriverai pas » ou « Je suis nul(le) en ceci ou cela », nous tendons un fil conducteur négatif au sein de notre vie. Le récit de notre vie tel que nous le déployons en suivant ce fil peut nous mener à croire que nous sommes des bons à rien ou que nous nous y prenons très mal en toute chose. Un enfant à qui l'on répète des commentaires réducteurs sur « ce qu'il est », sur ce qu'il est censé faire ou ressentir dans diverses situations, finit par adopter des stratégies fondées sur sa méfiance envers ses propres capacités à affronter un défi. « Elle n'est pas très sportive », « Il est tellement bordélique », « Elle est trop sensible ». Voilà des remarques très enfermantes.

Plus les enfants entendent ce type d'affirmations, plus ils se jugent défavorablement.

Pour corriger le problème, vous pouvez créer un fil conducteur différent quand vous parlez de vos enfants. En les dotant d'une nouvelle représentation plus large ou plus ambiguë de leur personnalité et du monde autour d'eux, vous leur facilitez l'apprentissage du recadrage. Une fois qu'ils parviennent à recadrer leur expérience personnelle, ils sauront aussi interpréter la vie en général et le comportement des autres.

En tant que thérapeute, parce qu'elle pratique la thérapie narrative, Iben utilise souvent les techniques de recadrage en vue d'agir en profondeur et d'aider ses patients à redevenir les auteurs de leur vie[7]. Elle propose aux patients de dépister les croyances qu'ils entretiennent à leur insu envers eux-mêmes et leurs enfants. Quand vous parlez de votre fille avec des commentaires du type « c'est une asociale », « elle n'est vraiment pas douée en maths » ou « elle est totalement égoïste », elle s'efforce de vous comprendre et de s'identifier à l'image d'elle que vous projetez. Comme elle s'entend épinglée ainsi bien plus fréquemment que vous ne l'imaginez, elle se convainc très vite de la véracité de votre projection. C'est donc comme ça qu'elle est. Si un jour, vous la qualifiez différemment, elle n'essaie même plus de vous comprendre parce qu'elle s'est déjà identifiée comme asociale, égoïste et mauvaise en maths.

Le langage que nous déployons est extrêmement puissant. Il fabrique le cadre à travers lequel nous nous percevons et fabriquons notre image du monde. Allan Holmgren, psychologue danois très réputé, pense que notre réalité se crée dans notre langage. Un problème n'en est un que si on en parle comme un problème[8].

Le pouvoir des étiquettes

Malheureusement, la plupart des étiquettes plaquées sur un enfant le suivent jusqu'à l'âge adulte. L'adulte se construit une image de lui-même majoritairement autour de ces étiquettes : paresseux, susceptible, égoïste, stupide, intelligent. Dans la liste de vos propres croyances sur vous-mêmes, combien vous suivent depuis votre enfance ? Pour de nombreuses personnes, elles finissent par former une sorte d'étalon de référence auquel on s'efforce inconsciemment de se conformer tout au long de sa vie. S'en délivrer, c'est ouvrir sa vie et celle de ses enfants à de nouveaux chemins.

Avez-vous remarqué à quel point il est devenu courant d'entendre des parents discuter des troubles de leurs enfants, alors même qu'ils n'ont pas consulté de psychologue ? Comme s'il était complètement naturel de décrire un enfant, le sien ou celui des autres, comme « enfant à problème psychologique ». On requalifie la timidité en syndrome d'Asperger, on colle un diagnostic de TDAH aux enfants débordant d'énergie et s'ils ne sourient pas tout le temps, on annonce qu'ils sont dépressifs. Dernièrement, on nous a même parlé d'une fillette calme que ses parents décrivaient comme atteinte d'un trouble sensoriel. Les parents étaient inquiets, leur fille aussi. Encore plus alarmant : elle risquait de subir les conséquences de cette étiquette pour le restant de sa vie, sans diagnostic, sans même avoir été vue par un médecin.

Comment peut-on sérieusement affirmer que son enfant souffre d'un trouble psychologique ou neurologique avec la même légèreté que quand il a un rhume ou une grosse fringale ? Non seulement cela rabaisse la gravité de ceux qui souffrent de troubles avérés, mais cela catalogue aussi l'enfant d'une manière totalement arbitraire. Plus il entend les adultes autour de lui répéter les histoires dont il est le personnage, plus ces histoires forment un fil conducteur dans sa vie, plus il s'identifie avec des étiquettes et en tire des conclusions sur son identité. Les récits des adultes sont devenus l'histoire de sa vie et il éprouvera d'énormes difficultés à la modifier. En réalité, en parlant de nos défauts, de ceux de nos enfants, nous nourrissons tout ce que nous n'aimons pas en nous et en eux. Si nous parvenons à recadrer notre vie, à en devenir l'auteur, nous aidons nos enfants à écrire la leur.

Devenir l'auteur(e) de sa vie

Voici comment, dans son cabinet, Iben aide les adultes et les enfants à reprendre la main sur le fil conducteur de leur vie et à devenir les auteurs de leur histoire[9]. Quand un patient lui annonce que sa vie ne lui convient pas, Iben aiguille la conversation sur la façon dont ce patient parle de lui-même. Elle l'aide à identifier les conclusions identitaires négatives sur lesquelles il s'appuie et s'efforce de le dissocier de ces étiquettes. Par exemple, une de ses patientes lui a déclaré qu'elle se trouvait paresseuse et écervelée et que cela lui gâchait la vie. Iben lui a alors demandé de décrire les sentiments que ces étiquettes éveillaient en elle. La femme a répondu qu'elle se sentait affreusement mal, surtout quand elle oubliait quelque chose, se perdait ou faisait la grasse matinée. Ces situations renforçaient son mal-être. À cause de sa paresse, elle se prenait pour une ratée qui n'avait aucune volonté. Chaque fois qu'elle se disait « je suis paresseuse et sans cervelle », elle répétait inconsciemment le même fil conducteur et le renforçait, lui donnant toujours davantage d'importance.

Avec cette patiente, Iben a eu plusieurs conversations externalisantes[10] : elle lui a fait décrire le problème comme étant séparé d'elle. La paresse n'est pas génétique, elle touche différentes personnes à différents moments. Séparer la personne du problème nous redonne le pouvoir sur nos vies. Nous reprenons le contrôle pour mieux combattre le problème*.

Iben a donc aidé sa patiente à visualiser la paresse et à la décrire. « Ressemble-t-elle à un gros nuage gris ? » « Est-ce qu'elle vous écrase ? » « Comment vous sentez-vous quand la paresse vous tombe dessus ? » La femme a répondu qu'elle avait l'impression de ne plus pouvoir bouger. Un matelas d'air au-dessus d'elle la paralysait et elle n'arrivait pas à éteindre le réveil. Une sorte de brouillard tombait devant ses yeux et elle ne pouvait plus lire une carte. Si elle voulait sortir faire du sport, quelque chose la retenait dans son canapé. Elle se sentait peu fiable, incapable, minable.

---

* Pour d'autres exemples de conversations externalisantes, voir : Alice Morgan, *Qu'est-ce que l'approche narrative,* Trad. Catherine Mengelle (Inter-Éditions, 2015). Lawrence Cohen, *J'ai plus peur, Aider un enfant à surmonter ses craintes*, p. 339, le jeu et la joie (Lattès, 2016).

Voir aussi Walter Mischel, *Le Test du Marshmallow*, deuxième partie, chap.11, pp. 183-196 (Lattès, 2014). *(N.d.T.)*

Puis elles ont parlé des sensations et sentiments à l'opposé de la paresse. Elles ont enchaîné avec ce que cette femme appréciait en elle-même et ce qu'elle ferait de sa vie si elle parvenait à repousser le matelas d'air quand il s'écrasait sur elle.

Ensuite, elles ont cherché un nouveau récit dans le vécu de la patiente. En fait, cette femme affichait des capacités de communication et de créativité hors norme. Elle était drôle, profondément fidèle en amitié, fine cuisinière et musicienne. Sa vie regorgeait d'occasions et d'expériences où elle n'avait pas montré la moindre paresse. Avec Iben, elle a longuement parlé de ces expériences. Ensemble, elles ont changé le cœur du sujet de son récit : au lieu de se concentrer sur le négatif et la conclusion qu'elle n'était qu'une paresseuse écervelée, elles ont « épaissi la sauce » sur les valeurs et les aptitudes que la patiente appréciait en elle. Plus elle se focalisait dessus, plus elle tenait un récit positif et tendre sur elle-même. Peu à peu, elle s'est présentée sous un nouveau jour.

Désormais, elle était créative, forte et fiable. Elle pensait avoir trouvé les outils lui permettant de recadrer sa perspective sur sa vie et ainsi reformuler plus finement ses conclusions sur son identité. Avec la pratique, sa voix parlée était devenue sa voix intérieure. Elle n'était plus le problème : le problème n'était plus qu'un problème. Il semblait peu probable qu'elle se définisse de nouveau en tant que paresseuse écervelée. Elle n'avait pas imaginé que le langage puisse avoir un pouvoir aussi déterminant.

Recadrer sa vie, en devenir l'auteur, n'élimine pas pour autant les événements pénibles. Nous nous focalisons moins sur eux et déplaçons notre attention sur les côtés de la vie qui nous plaisent. Exactement comme au début de ce chapitre, lors de l'observation du tableau : en nous ouvrant à la possibilité de changer de perspective, nous accédons à une vue plus large. Ainsi, nous nous entraînons à voir d'autres détails racontant une autre histoire. Nous pouvons donc améliorer notre expérience de vie. Il en va de même pour nos enfants. Nous sommes les adultes, à nous de les guider et de mettre en évidence un récit plus positif et plus affectueux dans le tableau qu'ils composent.

Réduire le langage réducteur

Quand on commente le comportement d'un enfant avec des affirmations du type « à table, elle fait la difficile », « il déteste lire » ou « il n'écoute jamais », l'affirmation enferme l'enfant dans un comportement qui le détermine. Or, en réalité, chaque comportement est provoqué par une émotion ou une humeur. Rien n'est figé. Peut-être votre fille est-elle fatiguée, peut-être a-t-elle faim, peut-être que quelque chose l'a vexée. Plus vous séparez son comportement de ce qu'elle est, plus il est facile de changer votre perspective sur elle et donc sa façon de se voir elle-même. Elle comprend ainsi que vous ne la jugez pas et qu'un comportement ne scelle pas son destin. Comme nous l'avons vu, les étiquettes peuvent devenir des prophéties auto-réalisatrices.

Un enfant têtu pose parfois des difficultés, mais en prenant du recul, il est possible de comprendre ce qui génère son comportement. Au lieu de dire à l'enfant qu'il est « insupportable » et donc lui coller une étiquette d'enfant à problème avec laquelle l'enfant devient le problème, vous pouvez chercher une autre version à son histoire. Peut-être refuse-t-il de manger parce qu'il a goûté juste avant le dîner et n'a pas réellement faim. Peut-être refuse-t-elle de s'habiller parce qu'elle est à cet âge où l'on repousse les frontières et elle ne comprend pas pourquoi il est si important de mettre des chaussettes. D'ailleurs, quels sont les bons côtés d'un entêtement ? Votre fille n'est pas « têtue », elle montre sa persistance, sa capacité à prendre des décisions et ses aptitudes de leader ! Avec de la persistance, on peut aller très loin, dans la vie. Un autre enfant dit « tête en l'air » est peut-être en fait extrêmement créatif, un artiste en herbe.

Quand nous exprimons et alimentons le versant positif d'un comportement pénible, nous aidons l'enfant à se concentrer sur un récit plus constructif. Nous évitons aussi de nombreux rapports de force et devenons plus heureux, enfants et parents.

Un exemple de recadrage

En général, un Danois utilise très peu de langage réducteur et ne dit pas aux enfants qu'ils sont ceci ou cela. Il ne leur dit pas non plus ce qu'ils devraient faire ou ressentir dans telle ou telle situation. On ne l'entendra pas souvent prononcer une opinion d'adulte sur un enfant. « Ne sois pas si bête », « Arrête de pleurer », « Tu devrais être content ! » « Il est méchant ! » « Qu'est-ce qu'il est bête ! » « La prochaine fois, il faudra que tu lui dises ! »

Un Danois tend à utiliser un langage constructif qui amène les enfants à comprendre les raisons derrière leurs émotions et leurs réactions. S'ils sont vexés ou en colère, par exemple, l'adulte danois les aide à prendre conscience de ce qui a provoqué leur émotion. Il ne leur dit pas ce qu'ils sont censés ressentir.

— Qu'est-ce qui ne va pas ?

— Rien.

— On dirait que quelque chose ne va pas. C'est le cas ?

— Ouais.

— Qu'est-ce qui se passe ?

— Je ne sais pas.

— Tu es triste ? En colère ? Content ?

— Triste.

— Qu'est-ce qui te rend triste ?

— Je suis triste parce que Gary m'a piqué ma poupée à la récré.

— Il a pris ta poupée. À ton avis, pourquoi a-t-il pris ta poupée ?

— Parce qu'il est méchant.

— Tu trouves qu'il est méchant ? Gary est toujours méchant ?

— Oui.

— Mais la semaine dernière, tu as beaucoup joué avec Gary, non ?

— Oui.

— Il était méchant aussi, la semaine dernière ?

— Non.

— D'accord, alors parfois, Gary est gentil ?

— Oui, des fois, il est gentil.

Les parents danois excellent dans l'art d'aider leurs enfants à conceptualiser leurs émotions. Ensuite, ils les guident vers un discours constructif, les éloignant de tous langage méprisant ou croyances réductrices. C'est la clé du recadrage.

— Alors que s'est-il passé quand il a pris ta poupée ?

— J'ai pleuré.

— Tu étais triste qu'il ait pris ta poupée. Je te comprends. Qu'est-ce que tu pourrais faire de différent la prochaine fois, si Gary te prend de nouveau ta poupée, afin de ne pas être triste ?

— Je peux lui demander de me la rendre. Ou le dire à la maîtresse.

— À mon avis, lui demander de te la rendre me semble une bonne solution. Est-ce que Gary aime jouer à la poupée ?

— Des fois, oui.

— Qu'est-ce que tu pourrais faire d'autre, à part lui demander de te la rendre ?

— On pourrait jouer à la poupée ensemble.

— Ça me semble une super solution. On sait bien que Gary, en fait, est un chouette garçon. Alors la prochaine fois, tu peux lui demander s'il veut jouer à la poupée avec toi.

— Oui !

On peut voir le côté agréable des choses en toutes sortes de situations, pas juste avec les gens. Avec la pratique, cela devient bien plus facile d'observer l'action et de trouver les détails cachés permettant de recadrer la scène en quelque chose de plus constructif. Cela peut même être drôle, comme activité.

Une fois que l'enfant a trouvé un fil conducteur plus plaisant à sa vie, il suffit de le répéter et il prendra racine. Cependant, il est préférable que la solution vienne de l'enfant. Si personne ne lui dit comment il est censé agir et ce qu'il est censé ressentir, il maîtrisera lui-même ses réactions émotionnelles, se construisant ainsi une solide estime de lui-même.

Si nous nous en tenons à ce que les gens ont de meilleur en eux et séparons leurs actes de leur personne, alors nous enseignons à nos enfants que nous leur pardonnons quand il leur arrive de faire une bêtise. Imaginons que nous ayons répondu que Gary était bête et méchant. Un enfant se souvient de ce genre de commentaire. Si un jour il se comporte comme Gary, il se saura jugé, lui aussi. En revanche, si nous offrons notre confiance aux autres et savons leur pardonner, nous montrons aux enfants que nous leur pardonnerons aussi quand leur comportement dérapera. En affirmant que l'erreur est humaine et que nous voyons malgré tout du positif jusque dans l'erreur, nos enfants seront plus tendres avec eux-mêmes quand ils échoueront à leur tour.

L'humour est une autre technique de reformulation. Imaginez que vous assistez au match de foot de votre fils et qu'il joue mal. Une fois le match terminé, quand il annonce « J'ai joué comme un pied ! » vous avez le choix de réagir comme vous voulez. La réaction la plus courante est la suivante : « Mais non, tu as très bien joué ! Le terrain était glissant ! Tu gagneras la prochaine fois ! On ne gagne pas à tous les coups ! »

Un recadrage à la danoise pourrait ressembler à ceci :

— J'ai joué comme un pied.

— Tu t'es cassé une jambe ?

— Non, mais je suis un très mauvais joueur.

— Mais tu ne t'es pas cassé la jambe, n'est-ce pas ? Tu es sûr que tu ne t'es pas cassé la jambe ? (On lui tâte la jambe, pour vérifier.) Ouf, au moins, tu ne t'es pas cassé la jambe !

— Ha, ha, ha. Mais je suis nul au foot. Je vais arrêter. Je déteste ça.

— Tu détestes ça ? Certes, tu as plutôt mal joué aujourd'hui, mais tu te rappelles les deux buts que tu as marqués la semaine dernière ?

— Oui, mais...

— Tu te souviens de ce que tu as ressenti quand tu as marqué ces buts ?

— Oui, c'était pas mal.

— Je crois me rappeler que tu as dansé et chanté tout autour du terrain. Et tu détestais le foot, à ce moment-là ?

— Non.

— Exactement. Alors, rappelle-toi comment tu te sentais la semaine dernière et voyons ce qu'on peut faire pour que tu joues mieux la prochaine fois.

— En m'entraînant plus, j'imagine.

— Oui. Et maintenant, on va manger une pizza ! On va célébrer ton absence de fracture à la jambe !

— Il y a des jours avec et des jours sans.

Vous avez remarqué comment, dans ce dialogue, le parent ne ferme pas les yeux sur le fait que son fils a mal joué. Il reconnaît la situation. Son humour montre à quel point cela aurait pu être pire. Puis il pousse l'enfant à se rappeler la joie ressentie la semaine précédente. C'est un exemple de comportement réaliste optimiste : accepter la réalité tout en se passant d'un discours négatif inutile. Détendre l'atmosphère avec une pointe d'humour. Se concentrer sur un souvenir plaisant et non sur l'instant où on se sent mal. En choisissant d'observer tous les aspects positifs possibles du comportement d'un enfant, vous l'aidez à apprécier ce qui est unique en lui. Tout est dans le cadrage. Et plus vous recadrez, plus l'habitude devient seconde nature.

Les recettes danoises du recadrage

1. Prendre conscience des discours intérieurs non constructifs

S'entraîner à remarquer nos pensées intérieures négatives. Il suffit de les noter et de compter combien de fois nous utilisons une perspective négative quand nous évaluons une situation. Exercice : choisir un souvenir qui blesse ou qui dérange, une peur ou une inquiétude et trouver une autre façon de le percevoir. Prendre du recul, modifier son point de vue jusqu'à ce qu'une nouvelle compréhension se dégage permettant de recadrer sur les aspects plus agréables de la situation.

2. S'entraîner à la reformulation

Nos pensées sont-elles réalistes ? Peut-on en changer la formulation ? Prenons ces phrases en exemple : « Je n'ai jamais le temps de faire du sport. J'ai tellement de kilos en trop. » « J'écris comme un pied. » « Ma belle-mère m'énerve au plus haut point. » Voyons si nous pouvons les reformuler. « J'arrive à me bouger les fesses une fois par semaine au minimum et je ne mange que des salades au déjeuner, ce qui me fait du bien. » « J'écris bien une fois sur ma lancée. » « J'aime ma belle-mère malgré nos différences. Elle est une merveilleuse grand-mère pour mes enfants. » La reformulation est difficile, mais elle modifie notre chimie cérébrale et influence notre bien-être. Au début, on se sent un peu bête avec cet exercice. Mais dès que nous prenons l'habitude de reformuler, nous

nous sentons mieux. Tout ce que nous voyons et exprimons en mode négatif sur nous-mêmes, notre famille, nos angoisses et nos peurs se transmet à nos enfants. La reformulation de nos propres pensées est un cadeau que nous nous offrons à nous-mêmes et à nos enfants afin de les aider à mieux gérer les hauts et les bas de la vie.

3. Éliminer le langage réducteur, noir ou blanc

Je déteste ceci, j'adore cela, je serai toujours, je ne serai jamais, je devrais, je ne devrais pas, je suis comme ça, elle est comme ça… Ce langage réducteur laisse peu de marge de manœuvre. Il ne montre qu'un seul angle. S'efforcer d'employer un langage plus tempéré, moins tranché. Accepter plutôt que juger. Vous constaterez une diminution des rapports de force avec vos enfants et votre conjoint.

4. Externaliser : séparer l'action de la personne

Au lieu de « elle est paresseuse » ou « il est agressif », placer le problème à l'extérieur de l'individu et non à l'intérieur. « Parfois, la paresse la rattrape » et « l'agressivité le déborde par moments » sont des commentaires qui n'étiquettent pas les personnes.

5. Réinterpréter l'histoire de l'enfant avec davantage de tendresse

Lister les plus gros défauts de l'enfant et ses comportements les plus problématiques. Les décrire en une phrase. « Elle n'est pas très douée pour les études. » « Je pense qu'il a un TDAH ». « Elle est tellement butée. »

Ensuite, réécrire ces phrases en identifiant l'origine des comportements. Par exemple, l'enfant « pas très douée pour les études » peut adorer lire et s'intégrer extrêmement facilement dans un groupe. Celui que l'on soupçonne d'un TDAH est peut-être très énergique et très doué pour la batterie. L'enfant « butée » montre peut-être de la persévérance dans les études et n'abandonne jamais en cours de route. Se concentrer sur le côté positif du comportement de l'enfant afin qu'il se sente apprécié dans sa différence, son unicité, plutôt qu'étiqueté défavorablement. Reformuler nos conclusions négatives sur notre propre identité et sur celle de nos enfants en séparant le comportement de la personne. Parents et enfants ont alors la capacité de grandir et de créer des récits plus affectueux sur eux-mêmes.

6. Employer un langage constructif

Utiliser un langage constructif et non un langage réducteur. Poser des questions pour aider les enfants à identifier les émotions à l'origine de leurs actions, à reconnaître leurs intentions et celles des autres. Ainsi, ils comprendront comment se sortir des situations difficiles.

7. Manier l'humour

Montrer que l'on comprend son enfant et alléger la situation avec de l'humour. L'humour aide à changer de perspective. Veiller à ne pas annuler l'expérience ou l'émotion de l'enfant.

5.
L'EMPATHIE

« Les plus belles choses du monde ne peuvent être vues ni même touchées. Elles sont ressenties avec le cœur. »

Helen Keller

Pendant de nombreuses années, Jessica et sa sœur ont entretenu une relation tendue. Quand elles se retrouvaient, l'exaspération était au rendez-vous. En vérité, elles ne s'aimaient pas beaucoup. Jessica pensait que sa sœur exagérait quand elle racontait sa vie de petite fille et l'attitude de leurs parents à son égard. Cette même sœur qualifiait Jessica d'enfant gâtée insensible aux autres. Chaque rencontre augmentait la distance entre elles : toutes les deux étaient sur la défensive et méfiantes l'une de l'autre, elles ne parvenaient pas à éviter les tensions et les disputes. Elles n'avaient guère d'espoir de rétablir une relation normale.

Puis, à force d'observer la relation entre son mari et le frère de ce dernier, Jessica a commencé à se demander s'il n'existait pas une autre façon de se comporter avec sa sœur : entre les deux frères danois, elle constatait au moins autant de contrastes et de problèmes qu'entre les deux sœurs américaines, mais le mari de Jessica les abordait toujours avec discernement et indulgence plutôt qu'avec exaspération. Malgré leurs différences, les deux frères s'entendaient bien. Un jour, Jessica a eu l'idée d'écouter vraiment sa sœur, en mettant de côté ses préconceptions habituelles. Elle a cherché à comprendre les sentiments de sa sœur, la raison de sa colère. Elle a découvert qu'en écoutant sa sœur comme une amie, et non comme une rivale aigrie, rôle qu'elle avait endossé à son insu, un changement profond s'opérait.

Tout à coup, Jessica s'est mise dans la peau de sa sœur et a éprouvé une réelle compassion pour elle. Et *vice versa*. Pour la première fois de leur vie, elles se sont parlé comme de vraies amies. En une année, leur relation s'est nettement améliorée. Aujourd'hui, elles se sentent incroyablement proches. Avant, Jessica se pensait condamnée à être brouillée à vie avec sa sœur. Désormais, elle est reconnaissante d'avoir sa sœur à ses côtés et compte sur elle... comme sur une sœur ! Ce changement radical est le pur produit de l'empathie de l'une pour l'autre.

Un nombre invraisemblable de gens ne connaissent pas le sens du mot *empathie*. « C'est un peu comme de la sympathie ? Ou de l'apathie ? » « Ça a un rapport avec l'homéopathie ? Non ? C'est quoi exactement, l'empathie ? » Dans cette confusion, voilà le plus effrayant : si très peu de gens connaissent le sens de ce terme, ceux qui l'intègrent à leur quotidien doivent être encore moins nombreux.

L'empathie est la capacité de reconnaître, comprendre et éprouver les émotions des autres. C'est l'habileté à percevoir ce que quelqu'un d'autre ressent et à le ressentir en même temps. Tout simplement, c'est se mettre à la place de quelqu'un d'autre. Et c'est beaucoup plus facile à dire qu'à faire. Pourquoi est-ce si compliqué ? Notre culture est-elle responsable ?

D'après une étude américaine récente, l'empathie chez les jeunes a chuté de moitié[1] depuis les années 1980 et 1990. C'est terrifiant. Pendant ce même temps, le niveau de narcissisme a doublé. Le narcissisme se traduit par une vue surdimensionnée de soi-même, dans laquelle on tend à se séparer des autres et à éviter de créer des relations sérieuses avec autrui. Les narcissiques sont tellement centrés sur eux-mêmes qu'ils ne prêtent aucune attention aux besoins des autres. Ils s'en fichent. Pour expliquer le mécanisme menant au narcissisme, les théories abondent. Mais personne ne semble avoir trouvé la raison de la prolifération récente de narcissiques.

Développé dans les années 1970, le Narcissistic Personality Inventory (NPI – test de personnalité narcissique) évalue le narcissisme d'un individu de manière fiable. De nombreuses études en ont démontré la validité. À partir des réponses à ce test collectées entre 1982 et 2007 auprès d'étudiants de niveau universitaire, Jean Twenge et ses collègues ont montré que, sur cette période de vingt-cinq années, le niveau de narcissisme a augmenté de manière significative et continue[2].

L'aggravation est tellement conséquente qu'en 2007, près de 70 % des étudiants obtenaient un score plus élevé que la moyenne des étudiants de 1982. Pourquoi ?

Au cœur de L'Amérique

Aux États-Unis, depuis la révolution industrielle, les gens croient que les humains, comme tous les êtres vivants, sont fondamentalement égoïstes, agressifs et en compétition les uns contre les autres[3]. Cette idée structure au moins partiellement l'économie de marché, les systèmes financiers, légaux et politiques, avec pour conséquence principale de pousser tout le monde à l'affrontement. À Wall Street, où les gens marchent au pas de l'évangile de la cupidité, le manque d'empathie est endémique. Depuis plus d'un siècle, les théoriciens de l'évolution, les politiciens et le grand public ont placé au cœur de la construction de l'humain l'affrontement et l'impitoyable sélection naturelle. Voilà d'où vient l'individualisme qui caractérise l'Américain. Ayn Rand, auteure célèbre dont de nombreux hommes politiques américains admirent l'œuvre, défend l'idée que la nature humaine est fondamentalement égoïste et que l'homme ne vit que pour sauver sa peau. On peut être d'accord ou pas, intellectuellement. De toute manière, tout Américain est exposé à cette croyance, tellement elle est incrustée dans sa culture, à l'insu du plus grand nombre de ses concitoyens. Elle imprègne la vie quotidienne. Être américain, c'est notamment accepter la concurrence comme partie intégrante de la vie et aspirer à gagner, à être le premier.

Avez-vous déjà rencontré une mère américaine ? Si cela vous arrive un jour, ne vous attendez pas à ce qu'elle s'ouvre à vous et partage avec franchise son expérience avec ses enfants. Rares sont celles qui ont le courage de paraître vulnérables et d'admettre qu'elles ne sont pas certaines de savoir comment s'y prendre. Aujourd'hui, de moins en moins de mères américaines semblent confier leurs fragilités, tandis que l'étalon de la « bonne mère » augmente en exigence. Non seulement elles doivent se conformer à davantage d'attentes, mais elles sont aussi, disons-le carrément, en concurrence avec les autres mères. De l'allaitement (au sein, à base d'une alimentation bio, sur une longue période...), aux activités extrascolaires (non seulement le nombre d'activités par enfant, mais aussi leur triomphe dans ces activités), en passant par l'éducation, ces simples sujets de conversation quotidienne semblent souvent corrompus par la nécessité de faire mieux que les autres. Bien sûr, l'intensification de la concurrence ne touche pas que la parentalité. La compétition est dans tous les discours. Parfois, très subtilement. Mais si vous tendez l'oreille, si vous grattez la surface des choses, vous serez surpris de la trouver partout.

De nombreuses personnes craignent de se confier et de montrer leur vulnérabilité parce qu'elles ne veulent pas être jugées ou rejetées. Cette peur maintient leurs relations à un stade superficiel.

La peur de la vulnérabilité

Brené Brown est une célèbre chercheuse américaine, spécialiste de la vulnérabilité. D'après elle, les gens ont peur d'être vulnérables parce qu'ils craignent d'être exclus. Nous désirons tellement le lien social que nous redoutons de dire quelque chose qui pourrait provoquer notre rejet. Pourtant, selon Brown, la vulnérabilité et l'empathie servent à nous rapprocher les uns des autres. Or nous renonçons à notre vulnérabilité et basculons dans l'humiliation de l'autre par honte de nous-mêmes et peur de la déconnexion[4]. Au lieu d'exprimer de l'empathie et de comprendre les raisons derrière les choix de la maman en face de nous (pourquoi elle allaite au sein ou au biberon, pourquoi elle arrête de travailler ou reprend son activité, pour ne nommer que deux des grandes questions liées à la maternité), nous la jugeons avec sévérité. « Comment peut-elle retourner bosser et laisser son bébé avec des étrangers ? Jamais je ne pourrais faire ça ! » « Comment peut-elle décider d'être mère au foyer ? Jamais je ne supporterais ! » « Qu'est-ce qui lui prend de donner le sein si longtemps ? C'est révoltant ! » « Elle n'allaite même pas au sein ! L'égoïste ! » Et ainsi de suite. Nous badigeonnons la personne en face de nous de notre propre opinion et pouf ! Tous nos choix nous semblent supérieurs : de toute évidence, nous sommes un bien meilleur parent. Que ça fait du bien ! Tout simplement parce qu'être le ou la plus fort(e) est un principe auquel nous tenons énormément. Ironie du sort, nous nous sentirions mieux si nous nous savions épaulés et non jugés par notre réseau social.

Hélas, poursuivre sans relâche l'excellence et, au passage humilier l'autre, ne nous aide pas à apprivoiser une vulnérabilité qui nous dérange ou nous angoisse. Et que fait-on quand on ne se sent pas bien ? La plupart des gens cherchent à anesthésier leur ressenti. Avec de la nourriture, des séries télé, du shopping, des médicaments, de la drogue ou de l'alcool : les remèdes ne manquent pas qui annihilent les sensations désagréables. Pendant quelques instants, ils nous persuadent que tout va bien. Ce ne sont que des sparadraps, mais tout le monde semble en avoir une petite boîte sous la main.

Dans sa conférence TED sur le pouvoir de la vulnérabilité, Brown raconte : « Nous [les Américains] sommes le peuple le plus endetté, le plus obèse, le plus toxicomane et le plus médicamenté au monde[5]. » D'où notre question : et si nous acceptions un peu plus de vulnérabilité et d'empathie au lieu d'humilier les autres ? Et si on arrêtait notre course à une chimérique perfection ? Et si on s'efforçait de se lier davantage les uns aux autres ?

Le cerveau social

D'après des recherches révolutionnaires en neurosciences, nous sommes équipés d'un « cerveau social[6] ». Il s'agit d'une zone du cerveau qui s'active quand nous interagissons. Matthew Lieberman, spécialiste en neurosciences cognitives sociales, en décrit le fonctionnement : « Ce réseau neuronal se met en route automatiquement. Il pilote notre capacité à entrer dans la tête des autres, dans leurs pensées, leurs sentiments, leurs objectifs. Il encourage la compréhension et l'empathie, la coopération et l'écoute. » Selon Lieberman, nous ne sommes pas câblés pour notre seul intérêt personnel, mais aussi pour le bien-être d'autrui[7].

Afin de tester sa théorie et donc de prouver que l'être humain est doté à la fois d'égoïsme et d'altruisme,

Lieberman a observé le cerveau de volontaires soumis au « dilemme du prisonnier » *via* l'imagerie par résonance magnétique fonctionnelle (IRMf)[8]. Cette technologie permet de voir le flux sanguin alimentant les différentes zones du cerveau.

Dans le dilemme du prisonnier, on propose à deux personnes de se partager une récompense de dix dollars. La somme versée à l'un dépend de la décision prise par l'autre. Si les deux joueurs choisissent de partager, donc de coopérer, ils gagnent chacun cinq dollars. Si l'un souhaite coopérer, mais que l'autre ne le veut pas, le partageur n'obtient rien tandis que l'autre, l'égoïste, rafle les dix dollars. Si les deux joueurs refusent de partager, ils reçoivent chacun un dollar. Chaque joueur annonce sa décision en ignorant celle de l'autre. Le choix le moins risqué est le refus de la coopération, donc l'égoïsme : on gagne au minimum un dollar et potentiellement dix. Si on opte pour la coopération tandis que le partenaire choisit l'égoïsme, on risque de ne rien gagner du tout.

Les résultats ont surpris les chercheurs : les participants choisissent plus souvent le partage que l'égoïsme. Plus intéressant encore, quand les deux participants optent pour le partage, l'analyse des images cérébrales obtenues par IRMf montre une augmentation de l'activité dans l'une des principales zones du circuit de la récompense, le striatum ventral. En outre, cette zone est plus sensible au montant total reçu par les deux participants qu'au gain personnel. En d'autres termes, d'après Lieberman, le plaisir des autres nous rend plus heureux que notre propre bonheur ! Les Danois ont toujours su que prendre soin du bonheur des autres est un ingrédient critique dans la recette de son propre bonheur : à en croire ces résultats, ils sont sur la bonne piste.

La vérité sur l'empathie

Traditionnellement, les scientifiques accordaient à l'homme des capacités d'empathie et les refusaient aux animaux. Ils croyaient les animaux, primates inclus, dépourvus d'empathie. Mais dans son livre *L'Âge de l'empathie*, Frans de Waal, le célèbre primatologue et éthologue, montre que l'empathie s'observe chez toutes sortes d'animaux[9]. Il cite des recherches effectuées auprès de souris, de singes, de grands singes, de dauphins, d'éléphants et d'autres animaux. Le grand public n'en a pas vraiment pris note. En réalité, une majorité de nos politiques de gouvernance repose sur une croyance différente : la nature est le théâtre de la « lutte pour la survie » et de la sélection naturelle. Donc, nous devons structurer nos sociétés sur la concurrence et l'égoïsme, plutôt que sur la totalité du spectre des aptitudes humaines.

D'un point de vue évolutif, l'empathie nous a aidés à survivre en groupes. Sans empathie, sans solidarité, nous aurions disparu. Contrairement aux idées reçues, la plupart d'entre nous se préoccupent réellement du bien-être d'autrui. Nous avons juste mis cette précieuse prédisposition en sommeil par manque d'attention.

On a longtemps cru que les bébés naissaient sans empathie. C'est faux, tout simplement. Nous sommes tous précâblés pour l'empathie[10]. Mais nous devons apprendre à brancher les câbles afin de la mettre en route.

Nous sommes tous précâblés pour l'empathie

Dans le cerveau, l'empathie dépend du système limbique, lequel contrôle la mémoire, les émotions et l'instinct. Elle mobilise un système neurologique complexe impliquant aussi neurones miroir et insula[11]. De nombreux mécanismes et circuits neuronaux participent à notre mise en relation avec autrui, notamment dans l'hémisphère droit du cerveau et plus particulièrement encore les neurones miroirs. Il faut se rendre à l'évidence : nous sommes biologiquement prédisposés à la relation les uns avec les autres. En fait, il est plus exact de se percevoir comme une construction issue de la relation que comme une entité individuelle.

D'après Daniel Siegel, professeur en psychiatrie clinique à la faculté de médecine de l'université de Californie à Los Angeles, « pour les humains, l'empathie n'est pas un luxe, c'est une nécessité. Nous survivons, mais nos griffes et nos crocs ne nous servent plus à rien. Nous survivons parce que nous pouvons communiquer et collaborer[12] ».

L'empathie facilite notre connexion aux autres. Elle se développe dès la toute petite enfance grâce à la relation qu'entretient le bébé avec ses figures d'attachement. Un enfant se règle d'abord sur les émotions et les humeurs de sa mère. Ce que sa mère ressent, il le ressent en miroir. C'est pourquoi le contact visuel, les expressions faciales et le ton de la voix importent tant au début de la vie. Nous apprenons alors la confiance, l'attachement et l'empathie.

Parfois, quand un bébé en entend un autre pleurer, il arrive qu'il veuille le calmer en lui offrant une sucette ou une peluche. La plupart des bébés réagissent aux pleurs des autres en exprimant de la peur ou de l'anxiété[13]. Certains explosent même en sanglots. Ils ne comprennent pas encore la raison de leurs pleurs ni l'émotion qui les a déclenchés, mais ils l'apprendront avec le temps et l'expérience.

Les études ont montré que les enfants, dès dix-huit mois, aident toujours un adulte à accomplir une tâche si ce dernier apparaît en difficulté[14]. Si l'adulte cherche à saisir un objet, le petit l'aide à l'attraper. Si l'objet échappe aux mains de l'adulte, l'enfant le ramasse pour lui. En revanche, si cet adulte jette l'objet au sol avec force, l'enfant ne le ramasse pas. Il comprend que l'action était volontaire et que l'adulte ne veut pas l'objet[15]. Les enfants sont bien moins égoïstes qu'on ne le pense avant même que nous les éduquions à aider et à prendre l'autre en considération.

La responsabilité des parents

Dans l'apprentissage de l'empathie, la responsabilité des parents prime. Ils donnent le ton, en tant que modèles principaux. Attentif à leurs mots et gestes, l'enfanst les imite en miroir. À la maison, si nous voulons des enfants empathiques alors nous devons nous exercer à l'être à travers nos paroles et nos comportements[16].

Le développement de l'empathie dépend fortement de l'expérience de l'enfant dans son foyer[17]. Il est compromis si l'environnement familial expose l'enfant à des violences physiques, psychologiques ou sexuelles. Si l'intégrité de l'enfant est violée, s'il a souffert d'un traumatisme de l'attachement, il perd son aptitude à compatir à la détresse des autres et à développer son empathie.

À l'opposé du spectre sur le plan de l'environnement familial, si les parents craignent l'échec pour leur enfant, cherchent à lui éviter émotions fortes et conflits et exaucent tous ses *desiderata*, ils compromettent là aussi le développement de son empathie. En vue de « préserver » leur enfant, ces parents surprotecteurs cachent parfois toutes leurs réactions émotionnelles, les logiques comme les irrationnelles. L'enfant éprouve alors des difficultés à lire les émotions des autres (ce qu'il voit et ressent n'est pas confirmé par ses parents), ce qui peut réduire ses capacités à développer son empathie. Les enfants des familles surprotectrices ont davantage tendance à développer trouble narcissique ou trouble anxieux. Ils sont davantage exposés au risque dépressif[18]. Il leur est impossible de s'autoréguler à cause de la dissonance entre ressentis et comportements.

Contrairement aux enfants à qui l'on reconnaît le droit d'exprimer toutes leurs émotions, ceux à qui l'on dicte constamment les sentiments et les comportements risquent de devenir imperméables à leurs réelles émotions. Déconnectés de leurs vrais ressentis, ils auront davantage de difficultés à prendre des décisions saines face aux aléas de la vie. Ils risquent d'éprouver un vide intérieur persistant et de ne pas être satisfaits de leur vie. Comment peut-on savoir ce que l'on veut quand on ne sait comment on se sent ?

En favorisant l'empathie très tôt chez l'enfant, nous l'aidons à nouer par la suite des relations plus étroites, plus affectueuses. Nous savons que ces liens bienveillants forment la base du vrai bonheur et du bien-être[19].

L'empathie à l'école danoise

Le système scolaire danois met en place un programme national obligatoire dès la maternelle baptisé « Pas à pas » dans lequel on montre aux enfants des photos d'autres enfants exprimant une variété d'émotions : la tristesse, la peur, la colère, la frustration, la joie[20]... Les élèves parlent de ces photos et mettent en mots ce qu'ils ressentent. Ils conceptualisent ainsi leurs propres émotions ainsi que celles des autres. Ils apprennent l'empathie, la résolution de problème, le self-control et l'identification des expressions faciales[21]. Dans ce programme, il est essentiel que les animateurs et les élèves ne portent aucun jugement sur les émotions qu'ils découvrent. Le programme cherche à doter les enfants de deux compétences : la reconnaissance et le respect des émotions.

Le programme CAT-kit, de plus en plus apprécié, sert à augmenter la prise de conscience émotionnelle et l'empathie[22]. Il aide l'enfant à articuler ses perceptions, pensées, sentiments et sensations. Il propose lui aussi des photos de visages, auxquelles il ajoute des échelles graduées et des portraits en pied. Les élèves mesurent l'intensité de leurs émotions sur les échelles graduées et utilisent les photos en pied pour décrire les aspects physiques d'une émotion, les endroits où elle « s'installe » dans le corps.

Autre exemple, l'outil « Mon Cercle » (*My Circle*) facilite la compréhension des relations sociales. Il propose aux enfants de dessiner dans différents cercles concentriques leurs amis, les membres de leur famille, les professionnels avec lesquels ils sont en contact et le reste du monde.

La Fondation Mary a aussi joué un rôle très important dans l'enseignement de l'empathie à l'école. Mary, future reine du Danemark, a créé puis déployé dans tout le pays un programme antiharcèlement. Dans ce programme, appelé « Sans harcèlement » (Free of bullying), les enfants de trois à huit ans discutent des diverses formes que peut prendre le harcèlement et apprennent à être bienveillants les uns avec les autres. Ce programme a eu un impact tellement positif que 98 % des professeurs des écoles l'ayant mis en œuvre le recommandent[23].

Dans les établissements scolaires danois, l'empathie est aussi enseignée de manière plus indirecte, notamment parce que les enfants sont regroupés en fonction de la complémentarité de leurs forces et faiblesses. Les élèves académiquement solides travaillent aux côtés d'élèves moins performants, les timides avec les hypersociaux et ainsi de suite. Tout se fait dans la subtilité. Le professeur prend le temps de faire connaissance avec ses élèves, puis il les installe dans la salle de classe en fonction des complémentarités observées. L'objectif est de mettre en pratique l'idée que tout le monde a des qualités et peut aider l'autre à avancer. Le génie des maths nul au foot épaule le génie du foot nul en maths[24]. Et *vice versa*. Ce système favorise la collaboration, le travail en équipe et le respect.

Expliquer des concepts compliqués n'est pas une tâche aisée, mais c'est une compétence précieuse. Les études montrent qu'un enfant, quand il en aide un autre à comprendre une notion, apprend lui-même plus vite et mieux. Il travaille davantage et s'assure de maîtriser le sujet, l'explique avec une précision plus fine et l'utilise plus efficacement. Il doit aussi prendre le point de vue de l'autre élève afin de l'aider là où il bloque.

Quand Iben enseignait, elle a constaté que les enfants tirent une profonde satisfaction et une grande joie de ce type de collaboration avec leurs camarades de classe.

Nous l'avons déjà évoqué lorsque nous avons parlé du cerveau social et des analyses sous IRMf de cerveaux réfléchissant au dilemme du prisonnier : contrairement aux idées reçues, le cerveau humain éprouve davantage de satisfaction dans la coopération que dans la recherche d'une victoire en solo.

Il n'est donc pas surprenant que l'empathie soit un des facteurs les plus contributifs à la réussite des leaders, entrepreneurs et managers et à celle des entreprises[25]. Elle réduit le risque de harcèlement, augmente notre capacité à pardonner et améliore énormément nos relations et notre sentiment d'appartenance sociale. Elle préserve et accroît la qualité de nos liens les plus intimes, lesquels, nous le savons, contribuent fortement à notre bien-être. Les adolescents capables de faire preuve d'empathie arrivent mieux à leurs fins parce qu'ils ont davantage tendance à être guidés par un but que leurs camarades narcissiques[26]. Si on y réfléchit un peu, c'est logique : les personnes qui réussissent dans la vie n'y arrivent pas toutes seules. Nous avons tous besoin d'aide pour atteindre nos objectifs.

Et si tout le monde enseignait l'empathie aux enfants aussi activement qu'au Danemark ? Ces enfants grandiraient et deviendraient des adultes plus heureux.

Le pouvoir des mots

Depuis le siècle dernier, l'œuvre de Knud Ejler Løgstrup, célèbre philosophe et théologien danois, influence fortement la pensée danoise. D'après Løgstrup, les parents ont la responsabilité de nourrir l'esprit de leurs enfants, non pas seulement avec des divertissements et des transferts de connaissances, mais aussi en développant leurs capacités empathiques[27]. Selon lui, les mots que nous choisissons et les histoires que nous racontons dotent les enfants d'autant d'outils essentiels qui leur apprennent à se mettre dans la peau des autres.

Si vous compreniez le danois, vous seriez étonnés par les expressions employées par les parents danois quand ils parlent d'un enfant. Ils n'y pensent pas vraiment à l'avance. Ils prononcent des phrases toutes faites, très pratiques pour démarrer ou relancer leurs conversations. Voilà ce qui vous surprendra : toutes ces expressions pointent les qualités caractérisant les autres enfants. On entend couramment « C'est un garçon adorable, non ? » « Elle est gentille comme tout, tu ne trouves pas ? » « Qu'est-ce qu'il est sympa de t'avoir donné un coup de main ! » « Il est amical, je trouve. Et toi ? »

En fait, ces mots préparent le terrain et amènent les enfants à percevoir d'abord le positif chez les autres.

Ces remarques anodines participent au paramétrage par défaut des enfants : en leur désignant ce qui est agréable chez les autres, il devient naturel de *voir* le bon côté des gens. Il est plus facile d'accorder sa confiance. Vous ne surprendrez pas un Danois parlant négativement d'un enfant devant ses propres enfants.

En revanche, vous l'entendrez expliquer les comportements des autres et les raisons derrière tout comportement pénible. « Elle devait être très fatiguée, elle n'a pas fait sa sieste. » « Tu crois qu'il avait faim ? Tu sais, quand on a faim, on devient grognon. » Au lieu d'épingler un compagnon de jeu comme « méchant », « égoïste » ou « odieux », les parents danois s'efforcent d'aider leurs enfants à comprendre qu'un comportement dépend des circonstances. Pour cela, ils utilisent le langage constructeur dont nous avons parlé au chapitre 4.

En réalité, c'est là que commence le recadrage. Si nous imaginons que la personne en face de nous traverse une mauvaise passe, alors nous interprétons son comportement avec davantage de compréhension. Avec l'empathie, au lieu de coller des étiquettes péjoratives à l'emporte-pièce, nous élargissons le champ de notre perspective, ce qui nous évite de gaspiller notre énergie en broutilles. En fin de compte, nous gagnons du temps et nous nous sentons mieux.

Løgstrup n'était pas un idéaliste quand il pensait que la confiance en l'autre serait toujours récompensée. Il croyait tout simplement que la confiance, comme d'autres « expressions souveraines de la vie », telles que la franchise dans la parole, l'amour et la compassion, faisait partie intégrante de la vie. « Accorder sa confiance à l'autre, c'est se livrer et se délivrer. » C'est vrai. Donner sa confiance nous libère.

Un exemple d'enseignement de l'empathie

Tous les enfants disposent d'aptitudes pour l'empathie, un précâblage à partir duquel ils peuvent l'exprimer. Mais l'expression de cette empathie s'acquiert avec l'expérience. Manifester de l'empathie dans la relation aux autres, cela s'apprend. Cet apprentissage demande du temps et de nombreux contacts entre enfants et adultes, les adultes donnant l'exemple et pratiquant l'empathie au quotidien.

Voici un cas concret[28]. Au bord de la mer, Lisa s'amuse dans le sable avec une pelle. Mark, un enfant plus jeune, veut jouer avec cette pelle. Lisa refuse. Mark fond en larmes. Quelle réaction Lisa peut-elle avoir ? De nombreux parents donneraient la pelle à Mark parce qu'il pleure. Mais quel message lui transmettent-ils alors ? Devons-nous toujours accéder aux demandes des autres, juste parce qu'ils les expriment ? Cela reviendrait à enseigner à l'enfant comment agir en fonction de conséquences extérieures plutôt que de suivre un raisonnement intérieur.

Lisa joue avec la pelle et ressent la contrariété de Mark. Le rôle de l'adulte est de l'aider à équilibrer ses propres limites et besoins avec ceux de Mark. Elle prendra alors une décision qu'elle assumera.

Dans ce type de conflit, les adultes ont souvent davantage de compassion pour Mark et exigent que Lisa aligne son comportement sur cette compassion, la forçant à donner la pelle à Mark. Ce n'est ni juste ni empathique. Cela ne signifie pas que Lisa ne doit pas prendre en compte les émotions des autres, au contraire, mais que l'adulte, en ayant de l'empathie et de la compassion pour elle, en se mettant à sa place, en comprenant son émotion et ses besoins, lui explique l'empathie par l'exemple et lui donne les outils qu'elle pourra utiliser elle-même. Il enseigne aussi à Mark qu'on n'obtient pas nécessairement tout ce qu'on veut en pleurant.

Alors, que peuvent faire les parents de Lisa ? D'abord, laisser les enfants chercher une solution entre eux. S'ils n'en trouvent pas, lire le langage corporel de Lisa et lui demander si elle souhaite partager sa pelle. Lui suggérer de conclure un marché : Lisa joue avec la pelle pendant encore cinq minutes, puis Mark peut l'emprunter, pendant que Lisa commence une autre activité. Partager et jouer ensemble, c'est amusant, si on en a envie. Pas envie ? Pas de problème ! Ce n'est pas obligatoire. Mais, plus on apprend à partager, plus on apprécie le partage. N'est-ce pas ce qui compte le plus ?

Sur le long terme, ces leçons d'empathie génèrent d'énormes retombées. Quand on enseigne à sa fille (ou à son fils) qu'elle ne sera jamais forcée de faire quelque chose juste pour apaiser un camarade ou pour faciliter la vie des autres, on la prépare à résister à la pression de ses pairs, plus tard, à l'adolescence. Elle aura davantage de facilité à défendre ses intérêts si, depuis son enfance, on a accepté ses émotions. Des enfants élevés avec empathie la comprennent et la pratiquent. Une boussole intérieure solide les guide dans la bonne direction.

Les parents danois encouragent aussi l'empathie en expliquant les émotions de leurs enfants aux autres. Il n'est pas rare d'entendre ce type de remarques :

« Aïe, tu as vu que Victor est en larmes ? Pourquoi pleure-t-il, à ton avis ? »

« Elle a l'air en colère. Tu sais pourquoi ? »

« Je vois que quelque chose ne va pas. Tu veux bien me dire ce que c'est ? »

Il est très rare d'être le témoin des réactions suivantes :

« Arrête ça tout de suite. Tu n'as aucune raison d'être en colère. »

« Pourquoi s'énerve-t-elle ? C'est ridicule ! »

« Qu'est-ce que tu pleurniches ! Cesse de pleurer immédiatement ! »

« Qu'est-ce qui te prend ? »

« Ça devrait te faire plaisir ! »

Les parents danois ont tendance à reconnaître l'émotion de l'enfant avant d'en discuter avec lui : « Ah ? Pourquoi pleures-tu ? » Puis ils s'agenouillent et se mettent à son niveau.

« Je vois que ça ne va pas. Qu'est-ce qui te chagrine ?... Elle t'a pris ton jouet ? C'est encore un bébé. Je ne crois pas qu'elle l'ait fait exprès, et toi ? »

Il n'existe pas toujours de « raison » derrière les émotions d'un enfant. Encore moins de solutions évidentes. En nous efforçant de les accueillir sans les juger, nous enseignons le respect. Nous n'aimerions pas que nos propres états émotionnels d'adultes soient constamment considérés comme ridicules, inutiles ou « mauvais » et que quelqu'un nous dise systématiquement comment nous devrions nous sentir.

Voici comment les Danois cultivent et transmettent l'empathie : ils retiennent leur jugement. Ils évitent de juger trop durement leurs enfants, les amis de leurs enfants, leur famille. Tous les membres de la famille ont le droit d'être entendus et pris au sérieux et non pas seulement celui qui crie le plus fort. La tolérance pour soi-même et pour autrui importe avant toute autre chose.

En favorisant un foyer plus empathique, moins humiliant, plus vulnérable et authentique, vous aidez vos enfants à devenir des adultes qui porteront des jugements moins catégoriques sur autrui, y compris sur vous-mêmes.

Les recettes danoises de l'empathie

1. Comprendre son propre style d'empathie

Quelques questions à se poser :

- Que signifie l'empathie pour moi ?
- Que signifie l'empathie pour mon compagnon/ma compagne ?
- Où tombons-nous d'accord, où sommes-nous en désaccord ?
- Quelles sont nos valeurs fondamentales ?
- Suis-je dans le jugement de moi-même ? Vis-à-vis des autres ? De mon compagnon/ma compagne ?
- Mon langage reflète-t-il du jugement ?
- Comment changer de langage pour exprimer davantage d'empathie et émettre moins de jugements ?

Ce n'est pas facile, mais tout vient avec de l'entraînement : nous pouvons nous écouter en premier, entendre comment nous parlons des autres, puis réfléchir à d'autres façons de nous exprimer, plus empathiques. Rappel : les enfants nous imitent, tels des miroirs. Nous avons toujours avantage à aider compagnon ou compagne à travailler dans la même direction, vers davantage d'empathie.

2. Comprendre les autres

En s'entraînant à comprendre l'autre au lieu de le juger ou de lui faire honte, on est surpris de trouver autant de raisons de le défendre. Se mettre dans ses chaussures fait toute la différence. C'est ça, pratiquer l'empathie.

3. Remarquer et identifier les émotions

Aider l'enfant à voir les émotions des autres et à ressentir les siennes sans imposer notre jugement. « Sally était en colère ? Pourquoi était-elle en colère ? Que s'est-il passé ? Que penses-tu de ce qui s'est passé ? » et non : « Elle n'aurait pas dû se mettre en colère et faire ça. »

4. Lire, lire, lire

Les études montrent que lire des histoires aux enfants augmente significativement leur niveau d'empathie[29]. Lisons non seulement les jolis contes qui finissent bien, mais aussi les histoires qui décrivent toutes les émotions, y compris les plus désagréables. Affronter la réalité, à un niveau supportable pour les enfants, permet de pratiquer l'honnêteté et l'authenticité, ce qui favorise significativement l'empathie.

5. Soigner les relations les plus importantes

Utiliser l'empathie pour réparer nos propres relations. Les chercheurs ont montré que les liens fragilisés provoquent des dégâts physiologiques et psychologiques[30]. L'empathie active la même zone cérébrale que le pardon[31] : plus nous sommes empathiques, plus il est facile de pardonner et d'être pardonné. Des relations amicales et familiales riches de sens déterminent notre bonheur bien plus que notre richesse matérielle.

6. Montrer sa vulnérabilité[32]

Améliorer ses capacités d'écoute sans craindre de se montrer vulnérable est la meilleure chose que nous puissions faire pour nous connecter les uns aux autres. Écouter, se montrer curieux, reformuler en miroir ce qui nous est dit et utiliser des métaphores pour répondre avec bienveillance.

7. Chercher l'empathie en l'autre

S'entourer d'amis et de membres de la famille disposés à pratiquer l'empathie et la compassion. Les nouveaux parents, notamment, en bénéficieront énormément.

6.
PAS D'ULTIMATUM

> « Mille victoires sur mille ennemis ne valent pas une seule victoire sur soi-même. »
>
> Buddha

Qui n'a jamais crié sur ses enfants ? Scène courante : nous sommes fatigués, nos enfants n'obéissent pas ou ne nous écoutent pas et, malgré nos efforts acharnés, ils maintiennent leur comportement et nous énervent de plus belle. Nous craquons. Certains parents hurlent sur leurs enfants, d'autres les menacent de les enfermer dans leur chambre ou de leur confisquer un jouet. D'autres encore infligent des violences physiques.

Combien de fois avons-nous vu des amis et parents crier sur un enfant ou le gifler ? Souvent, par frustration, parce que l'enfant n'a pas réagi à un ultimatum. La scène se déroule plus ou moins selon le même script : « Tu fais ceci ou cela tout de suite, sinon, attention à toi ! » « Si tu n'arrêtes pas immédiatement, tu vas en prendre une ! » ou « Si je te le demande encore une fois, tu vas comprendre ta douleur ! » Une fois l'ultimatum posé, nous ne savons plus que faire et nous nous croyons obligés d'aller jusqu'au bout pour reprendre le contrôle de la situation. Résultat : des cris, parfois des coups.

90 % des Américains[1] et 87 % des Français* disciplinent leurs enfants en leur donnant la fessée. En

* Union des familles, synthèse de l'enquête de 2006-2007 auprès de

général, les parents qui punissent avec des claques ou des fessées agissent en mode « par défaut », parce qu'ils ont été programmés ainsi par leur éducation, elle aussi violente dans la majorité des cas.

Petites filles, Jessica et sa sœur ont reçu des fessées. Jessica est entrée à l'école primaire peu de temps après l'interdiction de tout châtiment corporel dans les écoles publiques de l'État où elle habitait. Pendant de nombreuses années, elle ne s'est jamais posé de question sur les fessées comme mesures disciplinaires. Elle les acceptait. Elle ne se doutait pas qu'un jour, cela lui poserait problème.

Elle était déjà enceinte de son premier enfant quand elle a découvert à quel point son opinion sur la discipline différait de celle de son mari danois. Plus ils ont échangé sur le sujet, plus elle a compris que son mari avait été élevé autrement et plus elle a eu envie de changer sa façon de faire. Son mari danois lui a ouvert les yeux sur les fessées, comme sur de nombreux aspects de son éducation.

Lors des recherches préparatoires à l'écriture de ce livre, nous avons appris qu'aujourd'hui encore, les châtiments corporels sont autorisés dans les écoles de dix-neuf États américains. On peut frapper un élève

---

685 grands-parents, 856 parents et 776 enfants. http://www.uniondesfamilles.org/enquete-fessees.htm

avec une batte ou une canne s'il se tient mal. Même si c'est interdit dans les trente et un autres États, c'est encore autorisé dans toutes les écoles privées, quel que soit l'État[2]. Cela vous surprend peut-être, mais c'est la réalité : aux États-Unis, la punition corporelle reste très répandue.

En 2008, une étude de grande envergure pilotée par les CDC (Centers for Disease Control and Prevention, Centres pour le contrôle et la prévention des maladies) a analysé les pratiques parentales américaines. Basée sur 240 groupes de discussions auprès de cinq différents profils culturels (asiatiques, hispaniques, afro-américains, blancs non hispaniques et Indiens d'Amérique) répartis dans six villes, elle confirme que les parents américains pratiquent la violence physique davantage qu'on pourrait le croire. Quel que soit leur profil, ils affirmaient utiliser le châtiment corporel à un moment ou à un autre[3].

Entre les cultures, des différences notoires émergent sur le mode opératoire des fessées[4]. Les mères afro-américaines, par exemple, donnent la fessée tout de suite. Les parents blancs et indiens d'Amérique préfèrent ne pas l'administrer en public. Dans un restaurant (situation fréquemment évoquée), les parents blancs expliquent qu'ils emmènent leur enfant dans les toilettes. Les Indiens d'Amérique préfèrent la reporter et attendre d'être rentrés chez eux. On comprend ainsi que de nombreuses fessées sont distribuées à huis clos.

Les quatre styles parentaux

Les psychologues du développement classent les styles parentaux en quatre types distincts[5]. Ce regroupement par style des parents ne tient pas compte de leur pratique éventuelle des châtiments corporels.

Autoritariste ou Autoritaire non réceptif : parents exigeants et non réceptifs. Ils demandent à être obéis et ont des standards éducatifs élevés. Exemple classique : la mère tigre*. Les enfants de parents autoritaires non réceptifs ont tendance à obtenir de bons résultats à l'école, mais souffrent parfois d'une faible estime de soi, sont davantage exposés au risque d'une dépression et ont peu de compétences sociales.

Autoritaire ou Autoritaire réceptif : parents exigeants, mais réceptifs. Eux aussi fixent la barre très haut et exigent de la discipline, mais ils soutiennent et encouragent leurs enfants. Les enfants de parents autoritaires réceptifs ont tendance à obtenir des scores plus élevés

* Expression tirée du best-seller de Amy Chua, *L'Hymne de bataille de la mère Tigre*, (Gallimard, 2011). *(N.d.T.)*

en compétences sociales et intellectuelles que les enfants des autres parents.

Permissif : parents très réceptifs qui exigent rarement un comportement mature de la part de leur enfant et s'appuient plutôt sur l'autorégulation de l'enfant. Les enfants de parents permissifs ont tendance à avoir des problèmes à l'école et partout ailleurs du fait de leur comportement.

Désengagé : parents ni réceptifs ni exigeants, mais pas au point d'être négligents. Les enfants de parents désengagés sont ceux qui éprouvent davantage de difficultés dans tous les domaines.

Les parents autoritaristes sont faibles en réactivité et forts en contrôle. Quand un enfant leur demande « Pourquoi ? », ils répondent typiquement « Parce que c'est comme ça » ou « parce que c'est un ordre. » Ils n'encouragent pas leurs enfants à poser des questions, ils les incitent à obéir.

Ce mode parental comporte certains défis. D'abord, un haut niveau de contrôle peut provoquer la rébellion des enfants[6]. Ensuite, en obtenant pour tout soutien « c'est comme ça », « remonte tes chaussettes », « tiens-toi droit », « si tu n'es pas content, la porte est ouverte », « c'est ça ou rien », l'enfant est seul face à ses émotions. À lui de se débrouiller s'il veut les réguler. Si la peur ou la honte s'installent, il a toutes les raisons de se sentir perdu, confus, troublé.

Les parents autoritaristes adoptent ce mode d'éducation parce qu'ils ont été élevés de cette manière et considèrent qu'ils s'en sont bien sortis. Peut-être est-ce le cas. Mais si quelqu'un vous annonce qu'il a fumé toute sa vie et qu'il est en pleine forme, faut-il en déduire que la cigarette est bonne pour la santé ?

La vérité sur les fessées et les gifles

Dans une analyse récente, les scientifiques se sont penchés sur vingt ans de recherches sur les effets à long terme des punitions corporelles sur les enfants. Leur conclusion : non seulement elles sont inefficaces, mais elles peuvent nuire au développement des enfants[7].

Peu importe l'âge des enfants ou la taille de l'échantillon étudié : aucune des quatre-vingts études analysées ne trouve de corrélation positive associée aux châtiments corporels. Pas une seule étude. Voici les corrélations obtenues : les enfants ayant subi des châtiments corporels ont davantage tendance à se sentir déprimés et dépréciés. Leur estime de soi a aussi pris des coups. Les punitions les plus sévères peuvent avoir un effet inverse à celui escompté, parce qu'elles encouragent les enfants à mentir en vue d'éviter les claques. Le châtiment corporel de l'enfant est corrélé à des problèmes de santé mentale à l'âge adulte, y compris la dépression, l'anxiété, l'alcoolisme et la toxicomanie. L'imagerie cérébrale montre que les châtiments physiques ont un impact sur les zones cérébrales que l'on mobilise pour obtenir une bonne performance aux tests de QI[8]. Elle démontre aussi une corrélation avec l'augmentation du risque de toxicomanie. D'autres données indiquent que les châtiments corporels modifient certaines zones cérébrales impliquées dans la régulation du stress et des émotions[9].

Les parents distribuent gifles et fessées parce qu'ils croient en leur efficacité. Sur le court terme, elles le sont peut-être. Mais au-delà, c'est totalement inopérant. L'enfant apprend à obéir parce qu'il a peur de l'adulte. Les rapports de force augmentent la distance entre l'adulte et lui et favorisent l'hostilité plutôt que la confiance et la proximité. La distance et l'hostilité provoquent soit la rancœur, la résistance et la rébellion, soit la mise en conformité de l'enfant aux exigences de l'adulte, avec une estime de soi réduite à peau de chagrin. Une fois que vous l'avez frappé, s'il continue son comportement problème, que faites-vous ? Vous le frappez plus fort encore ? Vous hurlez plus fort ? Et le frappez encore un coup ? Les études montrent, sans surprise, que les châtiments corporels favorisent l'agressivité de l'enfant.

Voici un cas d'école : pendant une étude réalisée aux États-Unis par l'expert en parentalité George Holden, une mère frappe son enfant de dix-huit mois parce qu'il l'a tapée ou lui a donné un coup de pied. Puis elle lui dit : « Ça, c'est pour t'aider à te rappeler qu'il ne faut jamais taper sa mère. » Holden conclut : « L'ironie de la scène est tout simplement incroyable[10]. » Mais nombre d'entre nous n'interrogent jamais notre pratique profondément ancrée de la violence : « Au fait, mes hurlements et mes soufflets sont-ils vraiment nécessaires ? » Nous ne nous posons la question que quand il est trop tard, « après coup ».

Que pensent les gens les plus heureux du monde des fessées, des cris et des rapports de force ?

Au Danemark, depuis 1997, les fessées sont prohibées par la loi[11]. La plupart des Danois trouvent bizarres, invraisemblables, les coups à visée disciplinaire. En Suède, la violence sur les enfants est interdite depuis plus longtemps encore : 1979. Aujourd'hui, plus de trente-deux pays ont voté des lois semblables, dans la plupart des pays européens, mais aussi au Costa Rica, au Kenya, en Israël et en Tunisie[12].

Les Danois voient les enfants comme fondamentalement bons

Le style parental des Danois est très démocratique. Il ressemble au style autoritaire réceptif : les Danois posent les règles et définissent les consignes que leurs enfants sont censés respecter. Mais ils sont aussi à l'écoute de leurs questions autour de ces règles et consignes. Les Danois voient les enfants comme fondamentalement bons. Leurs réactions s'accordent avec cette croyance. La différence de langage utilisé pour décrire les années où les enfants apprennent à marcher est intéressante : là où les Anglo-Saxons parlent des « terrible twos », la terrible deuxième année, les Danois parlent de *trodsalder*, « l'année de la frontière* ». Pour les parents danois, il est naturel que les enfants cherchent à repousser les limites. Ils l'acceptent et ne trouvent ça ni « terrible » ni gênant. Dans cette optique, il est plus facile de s'attendre à des comportements plus éprouvants, mais qui ne sont pas pour autant mauvais et ne méritent pas de punitions.

Au Danemark, il est extrêmement rare d'entrer dans un foyer où tout le monde crie tout le temps. Vous n'entendrez quasiment jamais des parents hurler sur leurs enfants. Comment font-ils ? L'un des parents que nous avons interviewés nous l'a tout simplement résumé ainsi : « Je pense que nous devons avant tout rester calmes, en tant que parents et ne jamais perdre le contrôle de nous-mêmes. Sinon, comment demander à nos enfants de se maîtriser, si nous n'y arrivons pas ? Ce serait injuste, à mon avis. »

* En France, on parle de « la période du non ». *(N.d.T.)*

Les Danois ne sont ni des faibles ni des lâches. Bien au contraire. Leur fermeté et leur bienveillance prennent le pas sur la colère, les rapports de force et les ultimatums. En les évitant, ils créent une atmosphère plus paisible et plus sécurisante.

Respecter l'enfant

Les parents souhaitent que leurs enfants soient respectueux, mais le respect ne fonctionne pas en sens unique. Il est nécessaire d'en donner pour en recevoir. L'éducation par la peur pose problème parce qu'elle n'encourage pas le respect mutuel. Elle n'encourage que la peur.

Les Danois n'éduquent pas par la peur, mais ils ne condamnent pas la fermeté. L'éducation par la peur empêche l'enfant de connaître les raisons réelles d'une interdiction ; il cherche juste à éviter les coups et les cris, ce qui ne facilite pas la construction d'une conscience de soi solide. De plus, si l'enfant a peur de vous, vous ne savez pas s'il est honnête avec vous. Par crainte de vos réactions, il ne vous dit que ce que vous avez envie d'entendre. La peur est un moteur puissant, mais elle ne favorise pas la proximité affective et la confiance. À l'inverse, si l'enfant peut remettre en question les règles que vous définissez, s'il comprend pourquoi elles existent, alors il les intègre et peut y adhérer. Dans une atmosphère de respect et de calme, quand l'enfant ne craint ni les reproches, ni l'humiliation, ni la douleur, votre influence sera plus constructive et vous bénéficierez d'une relation authentique et étroite.

Les études prouvent que les enfants de parents autoritaires réceptifs ont tendance à devenir plus autonomes et socialement mieux intégrés, à mieux réussir leurs études et à ne pas poser de problèmes de comportement. Ils risquent moins de développer une dépression ou un trouble anxieux ou d'adopter comportements asociaux, délinquance ou toxicomanie[13]. Ils sont aussi plus proches de leurs parents et moins influencés par leurs pairs[14]. Les scientifiques pensent qu'il suffit d'un seul parent autoritaire réceptif pour constater une nette différence[15]. Dans une étude américaine, les chercheurs ont demandé à des étudiants de premier et second cycle universitaire de réfléchir à des problèmes posant des difficultés d'ordre moral puis d'expliquer comment ils les résoudraient. Les étudiants issus de foyers autoritaires réceptifs avaient davantage tendance à affirmer que leurs parents et non leurs pairs influenceraient leurs décisions.

Le refus des ultimatums à l'école danoise

Chaque année, les Danois encouragent la démocratie à l'école en demandant aux élèves de créer les règles de vie commune avec leur professeur. Au début de l'année scolaire, ils discutent de ce que signifie un bon environnement de travail. Ensemble, ils décrivent les valeurs et les comportements que les élèves et leur enseignant peuvent partager pour que l'année profite à tous. Ils définissent les règles librement, de « je suis ponctuel » à « je respecte l'autre » en passant par exemple par « je ne coupe pas la parole ». D'une classe à l'autre, elles varient. D'une année à l'autre aussi : tous les ans, ils recommencent, car les élèves grandissent en maturité et leur sens des responsabilités change chaque année.

Les résultats sont impressionnants. Iben se souvient qu'une année, dans la classe de sa fille Julie, si quelqu'un parlait trop fort ou coupait la parole, toute la classe se levait et marchait dans la salle en tapant des mains dix fois. Les élèves en avaient décidé ainsi au début de l'année, afin que les enfants trop bruyants comprennent qu'ils affectaient directement leurs pairs autant que leur enseignant. C'est une façon incroyablement puissante de mettre fin à un comportement disruptif[16].

Au Danemark, les adultes passent davantage de temps et d'énergie à éviter un problème plutôt que d'en punir les conséquences. La plupart des écoles danoises reçoivent toutes sortes d'outils pour gérer diverses situations. Par exemple, les enfants diagnostiqués d'un TDAH ou d'hyperactivité peuvent s'asseoir sur un coussin ballon gonflable, ce qui les aide à se focaliser en classe[17]. Sur un flanc, ces coussins ballon disposent de picots de massage qui stimulent les muscles posturaux et incitent l'élève à se tenir droit et à garder son équilibre. Inconsciemment, cela augmente sa concentration.

Les écoles reçoivent aussi des kits incluant casse-tête, balles antistress et autres objets posturaux ou à triturer pour les enfants qui ont du mal à rester assis sans bouger et dérangent les autres élèves[18]. Ces objets occupent leurs mains, parfois leurs pieds, ce qui les aide à se concentrer et à écouter le professeur. Souvent, les enseignants demandent aux enfants dont l'énergie ou l'agressivité débordent vraiment de sortir seuls dans la cour et de faire plusieurs tours de course afin de libérer leur énergie[19].

Les professeurs danois suivent tous une formation à l'enseignement différencié, le *differentiere*, sorte de principe directeur pédagogique qui les incite à voir chaque élève comme un individu aux besoins spécifiques[20].

Avec chaque élève, ils définissent les objectifs à atteindre et font le point sur leurs avancées deux fois par an. Les objectifs peuvent être académiques, personnels ou relationnels. En « différenciant » les élèves, l'enseignant comprend mieux leurs besoins propres et peut agir et réagir en conséquence.

Le calme engendre le calme

Le *differentiere* danois est particulièrement puissant parce qu'il définit la perspective de l'enseignant sur l'élève. Or comme nous l'avons vu dans le chapitre précédent, le point de vue que nous choisissons vis-à-vis d'un enfant influence énormément notre réaction face à lui. Si vous considérez que les enfants sont insupportables et manipulateurs, vous adaptez votre comportement en conséquence. Mais si vous les jugez globalement innocents et programmés à faire exactement ce qu'ils font, vous aurez davantage tendance à les soutenir et à leur pardonner, à les aider plutôt qu'à les punir. On est plus facilement patient si on concentre son attention sur les intentions inoffensives et sur la gentillesse d'un enfant par ailleurs très énervant. Ce cycle se nourrit de lui-même. La bienveillance engendre la bienveillance. Le calme engendre le calme. Ce n'est pas l'enfant qui est mauvais, c'est son comportement qui dérange. Cette distinction est primordiale.

Éviter les rapports de force

Quand elle enseignait, Iben a eu affaire à un élève provocateur et rebelle, parfois désigné comme élément perturbateur, avec qui elle a réussi à éviter le rapport de force. Ses autres élèves pensaient probablement qu'Iben était trop complaisante à son égard, mais elle ne lui a jamais collé l'étiquette de mauvais élément et n'est jamais entrée en conflit avec lui. Elle savait que sa vie personnelle était loin d'être simple et elle le voyait toujours comme un garçon gentil et aimable. Comme il était drôle et intelligent, elle s'était concentrée sur ses qualités et avait choisi d'ignorer le reste afin de ne pas renforcer le récit accablant qu'il livrait de sa vie. Elle lui parlait avec respect et lui accordait sa confiance : il deviendrait quelqu'un.

Bien des années plus tard, ce même élève s'est rendu à une réunion d'anciens de son école, en dépit des souvenirs douloureux qu'il gardait de l'endroit. Il avait complètement changé et voulait remercier Iben. Il se rappelait qu'elle lui avait dit et redit qu'elle ne s'inquiétait pas pour lui et qu'elle savait qu'il deviendrait quelqu'un. Sa gratitude a profondément touché Iben. Elle a alors compris à quel point il est important de séparer la personne de son comportement. Accorder sa confiance, aider à recadrer l'image de soi, condamner un comportement, uniquement le comportement et non l'enfant, tout cela permet de construire un récit plus bienveillant de la vie de l'enfant.

Maintenant que nous avons décrit l'impact d'une approche démocratique sur le bien-être, le bonheur et la résilience de nos enfants, comment peut-on suivre l'exemple danois et cesser de donner des ultimatums ?

Interroger le miroir

Penser à tout ce que l'on déteste entendre en soi puis se regarder dans un miroir : voilà ce que l'enfant renverra. Si nous n'aimons pas crier, alors évitons. Si nous détestons nos soupirs d'exaspération, alors refrénons-les. Si nous n'aimons pas la violence, alors proscrivons-la.

Cesser de s'inquiéter de ce que pensent les autres

Il est inutile de se demander comment les autres perçoivent le comportement de notre enfant. Souvent, se savoir observé provoque un stress supplémentaire et nous fait hausser le ton davantage ou nous pousse à la violence physique. Chez des amis, en famille, au restaurant ou dans un magasin, il est préférable d'accorder nos actes à nos valeurs. Parce que c'est ainsi que nous agissons avec authenticité, en phase avec nos croyances. Pourquoi s'inquiéter de la façon dont les autres élèvent leurs enfants ? Pourquoi se préoccuper de ce que pense la famille sur notre façon d'éduquer les nôtres ? C'est une perte de temps. À nous d'agir en pleine conscience de ce qui est bénéfique pour nos enfants : tout ira bien. La plupart des parents ne font que répéter l'éducation qu'ils ont reçue. En choisissant la voie du changement, nous empruntons un chemin bien plus rude, bien plus ambitieux. Nous pouvons chercher d'autres parents ayant découvert les recettes danoises et partageant les mêmes convictions que nous, puis nous regrouper et nous soutenir les uns les autres. Croire en ses valeurs et les défendre en les incarnant : si c'est au fruit que l'on reconnaît l'arbre, alors il n'y a pas meilleure recette pour élever des adultes plus heureux, plus résilients et mieux intégrés à la société.

Les recettes danoises sont réellement efficaces. En cas de rapport de force, si nous nous sentons tiraillés entre deux approches, parce que l'enfant oublie un s'il-te-plaît-merci, parce qu'il a un comportement agressif ou refuse de manger : stop ! respirer, rester calme, réfléchir. Un peu d'humour ! Offrir une porte de sortie. Ne pas s'inquiéter de l'avis de la copine ou de la belle-mère, de ce que les autres penseront de nous ou de nos enfants. Au final, nos enfants seront plus heureux et en meilleure santé et c'est tout ce qui compte.

Relax ! Se concentrer sur les grandes lignes

Une bataille, ce n'est pas la guerre. Inutile de s'engager dans toutes les batailles, de tenir sur toutes les lignes. Est-il si important qu'ils soient impeccablement coiffés et tirés à quatre épingles ? La planète s'arrêtera-t-elle de tourner si votre fils porte son T-shirt Batman un jour de plus ? Faut-il vraiment que votre fille finisse son assiette immédiatement parce que vous le lui avez demandé ? Ou qu'elle goûte les épinards tout de suite, là, maintenant ? Cela en vaut la peine ? Voilà des décisions à prendre avec notre compagne ou compagnon : à nous de décider quand tenir sur nos grandes lignes. Par exemple, chez des amis, ce n'est peut-être pas le meilleur moment. Où sont les lignes que vous voulez tenir ? Quand voulez-vous vraiment éduquer vos enfants à respecter ces lignes ? Faire une scène à l'enfant en public, est-ce faire preuve de respect envers l'enfant, envers soi ? Nous voulons être cohérents, mais nous n'élevons pas des soldats. Rappelons-nous que les enfants traversent des périodes pendant lesquelles ils ne veulent plus faire certaines choses, manger certains aliments, porter certains vêtements, dire certains mots. Ces phases passent. Ils grandissent. Si nous sommes cohérents et tenons nos grandes lignes, ils les comprendront. La clé est de rester patient, vivre ces phases sans perdre son flegme et se concentrer sur ce qui est important.

Pendant quelque temps, la fille de Jessica a refusé de porter manteau et chaussettes. C'était très frustrant. Rien ne marchait, à part la sortir dans le jardin sans manteau, sans chaussettes. Elle finissait par dire : « Hé, j'ai froid ! » et acceptait alors de s'habiller. Cela a pris du temps, puis elle a quitté cette phase et est entrée dans une autre : pendant un certain temps, elle a refusé de dire bonjour. Quand quelqu'un lui disait bonjour, elle détournait son regard. Jessica a continué à lui demander de dire bonjour, mais elle ne l'a jamais forcée. Et puis un jour, au bout de six mois, elle s'est mise d'elle-même à dire bonjour. Depuis elle dit bonjour. Les enfants testent les différentes situations pour eux-mêmes. Si ces situations se transforment en rapport de force, tout le monde y perd. La vie devient plus désagréable que nécessaire. Restons calmes, les enfants le seront eux aussi.

Proposer une porte de sortie

Un enfant jette un objet. Réponse typique : « Ne jette pas ça ! Si tu le refais, ça va chauffer pour tes oreilles ! »

Autre possibilité : ramasser l'objet et le ranger. Distraire l'attention de l'enfant. Le prendre dans nos bras et l'éloigner. Utiliser l'humour. Si on dit « non », le dire calmement. Mimer le « bobo » que l'objet aurait pu vous faire, puis le lui rendre. S'il le jette de nouveau, lui mimer la scène une seconde fois en secouant la tête et en prenant un air douloureux. « Aïe ! Aïe ! » Peut-être qu'il ne comprendra pas du premier coup, mais avec le temps, cela viendra.

Frapper ou mordre quelqu'un n'est pas acceptable. Dans ces cas, il est nécessaire d'être ferme et d'agir vite, au moment où vous êtes témoin de l'acte. Les enfants oublient vite ce qu'ils ont fait. Vous pouvez tenir votre fille et lui dire « Non ! » avec fermeté, demander qu'elle vous regarde dans les yeux et proposer qu'elle offre un mot (ou un son) d'excuse et une caresse. Ainsi, vous lui enseignez le sens de « je suis désolée » et à ne pas utiliser la violence physique. Au début, elle ne comprendra pas, mais avec le temps, elle saura non seulement faire preuve d'empathie, mais aussi présenter ses excuses.

Le repas sans rapport de force

À table, le comportement d'un enfant dépend de sa faim. S'il a goûté plus que d'habitude, par exemple, alors il n'aura vraisemblablement pas très faim le soir. À l'inverse, il a peut-être tellement faim qu'il doit vite réguler son taux de sucre sanguin pour se sentir mieux : en lui donnant quelque chose à grignoter, vous modifierez son comportement. Si vous déployez votre empathie, vous comprendrez ce qu'il ressent et vous réagirez en fonction. Il vaut mieux commencer par la compréhension que par la colère, se mettre à la place de l'enfant dans l'une ou l'autre situation, affamé ou le ventre plein et partir de là.

L'apprentissage du goût et du respect de la nourriture est un vrai cadeau que nous offrons à nos enfants. La nourriture nous fait vivre : aimer manger sainement procure du plaisir toute une vie ! En premier lieu, il peut être utile de faire le point sur notre propre rapport à la nourriture : pouvons-nous l'améliorer ? Au bout du compte, le repas offre l'occasion de réunir la famille, de partager ensemble un moment agréable, confortable, dépourvu de tensions. Si on nous forçait à manger, nous aussi nous perdrions notre appétit !

Sur un même plateau, nous pouvons proposer à notre enfant quelques bouchées de tous les plats, y compris le dessert et le laisser choisir l'ordre de son menu. La nourriture est devant lui : s'il n'en veut pas, il peut manger un peu plus tard. Si nous montons sur nos grands chevaux, lui aussi s'énervera. Nous non plus, nous n'aimons pas toujours les aliments que l'on nous sert, nous ne terminons pas toujours nos assiettes, nous n'essayons pas systématiquement les plats que nous n'aimons pas. Parfois oui, parfois non. En cas de conflit, si nous parvenons à proposer une porte de sortie à notre enfant, il créera lui-même son rapport à la nourriture et, au passage, son respect envers nous augmentera parce que nous lui aurons donné l'exemple. À table comme partout ailleurs, nous sommes son modèle.

Quand la journée se déroule sans stress, l'atmosphère se détend. Surtout pendant les repas. Nous pouvons nous dire que les enfants traversent différentes phases dans leur relation à la nourriture. Pour leur montrer comment l'apprécier, il suffit de prendre plaisir à partager un repas avec eux, composé d'aliments sains et d'éviter la malbouffe entre les repas. Passer à table ne sera plus jamais une torture !

Pour encourager les enfants à manger, les parents danois leur disent souvent : « Tu dois manger cet aliment pour devenir grand et fort ! Tu veux devenir grand et fort ? » Ils leur demandent de gonfler leurs biscoteaux et font semblant de tester leurs forces, puis ils leur annoncent que c'est grâce aux légumes et autres aliments sains dans leurs assiettes. Incroyable d'efficacité !

Un exemple de sortie de conflit sans ultimatum

— Attache ta ceinture.

— Non. Je veux pas.

— Tu te souviens pourquoi je te demande de mettre ta ceinture ?

— Non.

— Parce que si nous avons un accident, tu pourrais te faire très mal et être emmené à l'hôpital. Tu veux aller à l'hôpital ?

— Non.

(Attacher fermement la ceinture.)

Plus vous expliquez les règles de cette manière, en vérifiant qu'elles sont comprises, plus les enfants les assimilent. Avec cette approche, vous leur témoignez du respect tout en vous positionnant de leur côté : vous partagez un objectif commun (dans ce cas précis, partir en balade en toute sécurité).

Vivre sans ultimatum : guide de démarrage

1. Élaborer un plan d'action : quelles sont nos valeurs éducatives ? Lister les nôtres ainsi que celles de notre compagne ou compagnon.
2. Cesser fessées et claques : faire le vœu de ne plus jamais en donner. Elles ne sont pas nécessaires et ne favorisent ni la confiance ni le respect.
3. Stopper les cris : s'engager à ne plus jamais crier sur ses enfants. Ne crier que quand c'est vital, en cas de danger par exemple. Les hurlements ne sont agréables pour personne. Nos enfants nous imitent en miroir. Comme nous sommes leur modèle, si nous voulons qu'ils contrôlent leur colère et se calment, il est nécessaire de commencer par apprendre à se maîtriser soi-même.

Comment éviter de donner des coups et de crier ? Réduire son propre stress, dormir davantage, respirer, pratiquer davantage son sport préféré, prendre le large pendant quelques heures. Souvent, nous hurlons et nous frappons parce que nous ne réfléchissons pas sur le moment. Nous ne nous offrons pas la possibilité de mettre de la distance entre le comportement de l'enfant et notre réaction. Nous ne choisissons pas notre réponse.

Au bord de l'explosion ? Inspirer profondément. Changer de pièce, s'octroyer un peu de temps pour soi et, si possible, passer le relais à son compagnon ou à sa compagne. S'efforcer de respecter le vœu de ne pas taper, ne pas crier. Faire front à deux, contre nos propres réactions, ainsi que celles des enfants. L'alliance avec notre partenaire est critique : nous nous aidons l'un l'autre à contrôler nos emportements. Quand l'un de nous deux, sur le point de craquer, a atteint sa limite, il peut calmement demander à l'autre de prendre le relais. Parce que vous aurez changé votre comportement, vos enfants deviendront rapidement plus calmes.

Les recettes danoises d'une vie sans ultimatum

1. Toujours séparer l'enfant de son comportement

Les enfants mauvais, cela n'existe pas. Mais les comportements insupportables, oui, cela existe. Tout comme des comportements parentaux insupportables.

2. Éviter les rapports de force

Si vous ne cherchez pas de rapports de force, vous n'en trouverez pas. Penser gagnant-gagnant au lieu de « Comment faire pour gagner ? »

3. Éviter de blâmer l'enfant

Assumer la responsabilité de ce qui se passe. La fois suivante, vous ferez mieux.

4. Voir les enfants comme foncièrement bons

Les enfants sont censés repousser les limites, tester les règles. C'est comme ça qu'ils grandissent. Ils ne sont ni mauvais ni manipulateurs.

5. Éduquer les enfants

Les guider, les nourrir, leur enseigner. Inutile de les punir : ils n'ont pas besoin de davantage de discipline. Trouver d'autres façons d'aborder des comportements pénibles. Évitons les étiquettes : « il est sournois » ou « elle est manipulatrice » ou « ils sont atroces ». Les mots ont un poids. Un comportement n'est qu'un comportement ; le comportement n'est pas l'enfant.

6. Recadrer

Chercher de nouveaux récits présentant nos enfants ou toute autre personne sous un meilleur jour. Le recadrage rend tout le monde plus bienveillant et plus heureux.

7. Ne pas oublier

Quand le balancier s'inverse, on reçoit ce que l'on a donné. Le bon comme le mauvais. Si vous ne vous contrôlez pas, vos enfants ne se contrôleront pas.

8. Impliquer son compagnon, sa compagne

Les études montrent qu'il suffit d'un seul parent adoptant le style autoritaire réceptif (plutôt que le style autoritariste, non réceptif), d'un seul parent parvenant à garder son calme, pour faire la différence. Mais à deux, c'est encore mieux !

9. Énumérer nos ultimatums

Dresser la liste des ultimatums que nous utilisons régulièrement. Ressemblent-ils à ceux que nos parents nous posaient ? En quoi pourrions-nous les transformer pour renverser la situation ?

10. Penser à l'âge de l'enfant

Que peut-on demander à un enfant de l'âge du nôtre (où en est-il, où en est-elle de sa zone de développement proximal ?) ? Chaque âge a un « thème » et des attentes spécifiques. Les enfants ne sont pas des adultes miniatures[21].

11. Accepter toutes les émotions des enfants, qu'elles soient ou non celles que nous désirons qu'ils aient

Peu importe ce que pensent les autres de leurs sautes d'humeur. Tout le monde a des passages difficiles, les enfants aussi. Ne pas se stresser pendant ces passages : cela attire moins l'attention sur le côté désagréable du moment et aide à respecter la capacité de l'enfant à s'autoréguler.

12. Ils ne rouspètent pas pour rouspéter

Ils rouspètent en réaction à quelque chose : protester, c'est une forme de communication. C'est aussi un signe d'une plus grande indépendance et c'est en ça que nous pouvons l'apprécier, au lieu de nous focaliser sur le côté désagréable de leur grogne.

13. Replacer les comportements pénibles dans leurs contextes

A-t-il récemment vécu des bouleversements dans sa vie qui pourraient expliquer son changement de comportement ?

14. Identifier ce qui nous fait craquer

Il est important de connaître ce qui déclenche notre emportement. Quand est-on sur le point d'exploser ? Que peut-on faire quand on en arrive là pour se calmer ? A-t-on besoin de davantage de sommeil, de solitude ou d'exercice physique ? Écouter nos besoins, demander de l'aide.

15. Montrer que l'on écoute

L'enfant a besoin de voir que l'on est à l'écoute. Par exemple, si notre fille demande quelque chose, il est important de montrer que son besoin a été entendu et compris, même si nous ne pouvons pas répondre positivement. Répéter sa demande, elle comprendra que nous l'avons entendue : « J'entends que tu voudrais une sucette, et... » Lui expliquer pourquoi nous ne pouvons pas lui donner ce qu'elle veut. Enseigner le respect, montrer du respect et nous serons davantage respectés.

7.
LE *HYGGE*, LA CONVIVIALITÉ

> « Les bonnes équipes deviennent de grandes équipes quand leurs membres s'accordent suffisamment de confiance pour passer de "je" à "nous" ».
>
> Phil Jackson

Il y a treize ans, la première fois que Jessica a été invitée à rencontrer la famille de son mari, au Danemark, l'expérience l'a un peu dépassée. C'est un euphémisme. Elle a découvert leur « *at hygge sig* » ou « *hygge* » (prononcer « hu-gueu »), ce qui signifie littéralement « être confortable ensemble ». Au Danemark, le *hygge* est un art de vivre. Pour passer du temps convivial en société, les Danois allument des bougies, jouent à des jeux, confectionnent de bons repas, prennent leur thé avec des gâteaux et, de manière générale, se côtoient dans une atmosphère douillette. La très grande famille du mari de Jessica se rassemble pendant plusieurs jours et passe son temps à papoter, sans que personne ne ressente jamais le besoin de prendre un peu de large. Au début, Jessica trouvait cette réunion familiale bizarre. Aujourd'hui, avec le recul de treize années de pratique et d'étude du phénomène, nous avons fini par percer le secret du *hygge*.

La famille américaine de Jessica se comporte de manière très différente. En cas de grande réunion, ses membres ne supportent la présence des uns et des autres qu'un temps très court. Après un court moment ensemble, ils ont vite besoin de vivre leur vie chacun de leur côté. Tout le monde respecte ces séparations, parce que ces instants « chacun pour soi » font aussi partie du mode de vie. Si on demandait à la famille de Jessica de cocooner ensemble, douillettement collés les uns aux autres, sans interruption, pendant tout leur séjour, ils ressentiraient l'exercice presque comme une violation de leurs droits individuels de citoyens américains. Ils auraient la certitude de courir au désastre, vers la brouille familiale. Avant, Jessica ne comprenait pas comment les rassemblements familiaux danois pouvaient durer si longtemps sans tourner au drame. Avec frères, sœurs et parents sous le même toit, il y en aurait bien un pour monopoliser l'attention avec ses problèmes, ses petits soucis, non ? Ou pour sacrifier à sa tendance névrotique à casser du sucre sur le dos des autres ? Mais non, personne. Jessica constatait chaque fois que la négativité ne contaminait jamais l'atmosphère malgré le grand nombre de gens réunis. Tout ce petit monde fonctionnait comme une machine bien huilée. Comment était-ce possible ?

Cette capacité à cocooner pourrait-elle contribuer à positionner les Danois en tête des classements du bonheur ? La réponse est oui, sans l'ombre d'un doute.

Les scientifiques ont montré qu'un des facteurs les plus prédictifs du bien-être est la qualité du temps passé entre amis et en famille[1]. Notre monde moderne nous en laisse rarement le loisir, mais vous verrez comment la recette danoise incorpore le *hygge* dans la vie quotidienne pour garantir ce bonheur.

Le *hygge* comme art de vivre

Le terme *hygge* date du XIXe siècle et vient de l'allemand *hyggja* qui signifie « se penser ou se sentir satisfait ». Le « hygge » est en même temps une vertu, un objet de fierté, une humeur et un état d'esprit. Les Danois le considèrent à la fois comme un verbe d'action et un état. Pour eux, cet art de vivre est à la base de leur culture[2].

Il se traduit par une recherche du confort en présence de membres de sa famille ou d'amis. Tout le monde s'ingénie à se sentir bien avec les autres, à créer un effet cocon. Par exemple, à Noël, les Danois travaillent ensemble au confort de tous. C'est un effort d'équipe. Certains s'occupent de réchauffer l'atmosphère avec des bougies, d'autres mijotent des petits plats. Mais tous adoptent un état d'esprit particulier. Ils s'entraident de manière à ce qu'aucune personne, aucun groupe de personnes, ne se sente en charge de tout le travail. Ils encouragent les enfants les plus âgés à jouer avec les plus jeunes. Ils choisissent des jeux auxquels tout le monde peut participer et auxquels tout le monde joue, même ceux qui n'en ont pas réellement envie. Ne pas jouer avec les autres ne serait pas *hyggeligt*, ce ne serait pas « convivial ». Ils laissent leurs problèmes personnels au seuil de la porte, adoptent un point de vue positif et évitent toute discorde : ils apprécient la convivialité du temps qu'ils passent ensemble. Elle suffit à leur bonheur. Ils savent qu'ils ne manqueront pas d'occasions de se faire du souci, de stresser – plus tard. Leur bonheur vient du temps qu'ils réservent à être avec ceux qu'ils aiment. Le but ultime de ces rencontres est de passer un bon moment, de partager une expérience chaleureuse ensemble et de montrer aux enfants comment les organiser.

Se sentir relié aux autres donne à la fois du sens et un but à nos vies.

Se sentir relié aux autres donne à la fois du sens et un but à nos vies. Voilà pourquoi les Danois apprécient autant le *hygge*. Ils ne déprécient pas l'individu, mais ils savent que sans interaction, sans le soutien des autres, ils ne seront jamais entièrement heureux.

L'individualisme américain

Si l'on y réfléchit, l'idée d'un bien-être commun est très différente de l'individualisme qui forme une large part de l'identité américaine. Les États-Unis ont été construits sur la philosophie de l'autosuffisance : les Américains n'ont besoin de personne et ils sont suffisamment forts pour arriver à leurs fins. Pourquoi dépendre de quelqu'un s'ils parviennent à tout faire eux-mêmes ? Ils portent aux nues les réalisations personnelles avec des expressions du type « le self-made man » (homme qui ne doit sa réussite qu'à lui-même) et idolâtrent les héros dans toutes les sphères de la vie, de la politique à la vie sociale en passant par les sports. Si vous les écoutez parler des matches, vous les entendrez rarement discuter d'un travail d'équipe. C'est toujours un individu qui sort du lot : le célèbre quarterback ou le célèbre lanceur, la star qui brille plus fort que tout le monde. Les équipiers font partie du décor alors même qu'ils soutiennent les stars.

Plus que tout, les Américains admirent la loi du plus fort et son corollaire, la survie du plus apte. Ils sont élevés dans l'optique de devenir une star, celui qui gagne. D'après la très célèbre étude sur les différences culturelles de Geert Hofstede, psychologue de réputation internationale spécialisé en psychologie culturelle, les États-Unis ont le niveau d'individualisme le plus élevé au monde[3]. C'est assez incroyable. Les Américains sont tellement programmés pour penser en « je » qu'ils ne s'en rendent probablement pas compte.

Cela ne veut pas dire qu'il n'existe pas aux États-Unis un fort esprit communautaire. Mais cela montre que, d'un point de vue culturel, les Américains sont davantage qu'ailleurs programmés pour penser de manière individuelle. Pendant une réunion familiale, par exemple, il est bien plus courant de penser à « comment je me sens » plutôt que « comment nous sentons-nous ? » Les Américains parlent de « temps pour moi », de ce qui répond à « mes besoins », de ce que ceci ou cela « me » fait plutôt que « nous » fait.

Avouons-le : la plupart des Américains veulent être un « winner », avoir des enfants « winners » ou, au minimum, qu'ils soient les meilleurs dans un domaine et qu'ils se distinguent ! C'est la norme. Qui n'aimerait pas être un champion, réussir en société ? Le nombre de récompenses distribuées dans les écoles américaines est tout simplement effarant. Les raisons invoquées brillent par leur créativité : le prix de la blague la plus drôle, la médaille du sourire le plus engageant, le meilleur saut à la corde de la classe... Les Américains cherchent tous à gagner la reconnaissance des autres pour une raison ou pour une autre. C'est dans la trame de leur culture.

Et en France ? Combien d'entre nous lâcheraient leur trophée au profit de « l'harmonie du groupe » ? Combien de parents jugent le succès au foot de leurs enfants non pas sur leur jeu, mais sur leur façon d'aider les autres à jouer ou sur leurs capacités à jouer *ensemble* ?

La recette danoise pour passer de « Je » à « Nous »

Le concept du *hygge*, du vivre ensemble, a de nombreuses implications, mais en voici la recette : mettre son ego de côté au bénéfice du tout. En d'autres termes : arrêter son cinéma, sacrifier ses besoins individuels et ses désirs pour consacrer son énergie au déroulement agréable du rassemblement.

Nous offrons alors à nos enfants une expérience bien plus plaisante. Nos psychodrames d'adultes, notre négativité, nos dissensions n'intéressent pas les enfants. Il leur suffit d'être ensemble et de se faire dorloter ! S'ils apprennent le *hygge*, un jour, ils en transmettront eux aussi la recette à leurs enfants.

Pour illustrer le concept de *hygge*, voici une fable très connue qui se déroule en enfer et au paradis. En enfer, tout le monde est assis autour d'une table couverte de mets appétissants, de vins et de bougies. Dans une ambiance glaciale, les gens, tous pâles et décharnés, gémissent ou pleurent : à la place de leurs bras, de très longues baguettes les empêchent d'attraper la nourriture et de la porter à leur bouche. Leurs efforts sont futiles et ils ont faim, malgré le festin déployé sous leur nez.

Au paradis, une scène quasiment semblable se déroule. La table dressée à l'identique offre les mêmes mets, mais tout autour, tout le monde chante, rit et mange, dans une atmosphère chaleureuse et joviale, appréciant la bonne chère, le bon vin, la bonne compagnie, alors même, et c'est là toute l'ironie, que de très longues baguettes ont remplacé tous les bras : au lieu de s'efforcer de se nourrir eux-mêmes, les gens se nourrissent les uns les autres. Dans cette simple métaphore, le changement de perspective du « je » au « nous » a suffi pour transformer l'enfer en paradis[4].

Le travail d'équipe au Danemark

Le Danemark favorise le travail en équipe dès le plus jeune âge[5]. L'école encourage l'esprit d'équipe et l'entraide en demandant aux enfants de réaliser des projets en groupe. Elle enseigne aux enfants comment compenser leurs propres faiblesses avec les forces des autres et réciproquement, comment apporter leurs forces pour soulager les faiblesses des autres. Dans ces travaux de groupe, la démarche est mise en œuvre jusqu'au bout, ce n'est pas juste un concept. Les Danois encouragent aussi l'humilité des élèves les plus brillants, afin qu'ils développent leur empathie et s'occupent des autres. Ne prendre soin que de soi-même n'est pas *hyggeligt*. En fait, les Danois sont connus dans le monde entier comme étant d'excellents coéquipiers avec lesquels il est agréable de travailler. Ils aident les autres pour s'aider eux-mêmes et gardent la tête froide même quand ce sont des stars. Qui n'aimerait pas que toutes les stars soient un peu plus humbles ?

Les Danois s'investissent énormément dans la vie communautaire. La *foreningsliv* (vie associative) les regroupe par centre d'intérêt, en fonction de leur passe-temps favori. Leur objectif peut être économique, politique, académique ou culturel. Dans une association à but politique, par exemple, ils s'efforceront d'apporter un changement dans la société, dans une chorale ou un club de bridge, ils travailleront l'expression d'une passion commune. D'après les statistiques, 79 % des hommes et femmes d'affaires danois de moins de trente ans participent à la vie associative danoise. Entre 88 et 94 % des managers actifs dans des associations expliquent que leur implication dans ces groupes leur permet d'acquérir de meilleures compétences sociales et interpersonnelles et d'élargir leur réseau. 99 % des directeurs des 98 communes danoises pensent que la participation volontaire aux associations aide les jeunes à développer des compétences professionnelles.

Au Danemark, l'esprit d'équipe et la coopération surgissent partout où vous allez – dans les salles de classe, dans les entreprises, dans les familles. Les Danois considèrent que la famille est une équipe, ce qui favorise un sens profond d'appartenance. Cuisiner ensemble, faire le ménage ensemble, prendre le temps d'apprécier la compagnie de l'autre, voilà autant de façons d'encourager le bien-être au quotidien, en famille.

Le chant et le *hygge*

Les Danois adorent chanter. C'est une autre recette pour créer du *hygge*[6]. Pendant les déjeuners de Noël, les anniversaires, les baptêmes, les mariages et bien d'autres événements « dignes d'une chanson », vous avez toutes les chances de les entendre joindre leurs voix.

Souvent, ils composent des paroles propres à l'occasion qui les rassemblent. Ils les distribuent et les chantent ensemble sur un thème musical populaire connu de tous. Ces paroles faites-maison sont souvent hilarantes. Tout le monde les découvre en les entonnant d'une voix. Sinon, ils enchaînent les tubes tirés de leur livre de chant national, le « *Højskolesangbogen* ». La tradition danoise du chant date de la fin du Moyen Âge, mais les Danois l'ont tellement cultivée et développée qu'elle est aujourd'hui omniprésente.

À l'université Brookes d'Oxford, Nick Stewart a étudié l'impact de la pratique du chant choral. Il a découvert que non seulement chanter en groupe rend les gens heureux, mais cela leur permet aussi d'avoir une vie sociale porteuse de sens. Dans un chœur, la coordination de la respiration crée un sentiment fort de connexion. D'autres études ont trouvé qu'en chantant, les choristes parviennent à synchroniser leurs battements de cœur et libèrent l'« hormone du bonheur », l'ocytocine, ce qui abaisse leur niveau de stress, augmente leur sentiment de confiance et d'appartenance. Il suffit de faire une fois l'expérience de chanter en groupe : dès que l'on n'a plus peur d'avoir l'air ridicule, ces effets puissants se font sentir.

Les liens sociaux et le stress

Les liens *hyggelige* et le cocooning ont un impact positif, et pas seulement au Danemark. De nombreux scientifiques l'ont démontré, notamment les chercheurs américains de l'université de Brigham Young et ceux de l'université de Caroline du Nord à Chapel Hill. Ensemble, ils ont regroupé les données provenant de 148 études visant à évaluer les effets des relations interpersonnelles sur la santé. Ces 148 études couvrent une population totale de 300 000 personnes, hommes et femmes du monde occidental[7]. Elles montrent que les personnes ayant peu de relations sociales ont un risque moitié plus grand de mourir plus tôt (environ 7,5 années plus tôt) que les personnes bénéficiant de relations sociales solides. Cette différence de longévité est presque aussi importante que la différence de longévité entre les fumeurs et les non-fumeurs. Elle est plus élevée que n'importe quel autre risque sanitaire associé aux effets connus de notre mode de vie, tels le manque d'exercice et l'obésité.

À l'université Carnegie Mellon, dans une autre expérience célèbre, Sheldon Cohen a questionné des centaines de volontaires en bonne santé sur leur vie sociale avant de leur inoculer le virus du rhume puis de les placer en quarantaine pendant plusieurs jours[8]. Les résultats montrent que les participants bénéficiant de davantage de connexions sociales sont moins exposés au risque de développer les symptômes du rhume une fois le virus inoculé.

Tout simplement, les personnes entourées de nombreux amis ont un système immunitaire plus efficace. Elles sont mieux équipées pour combattre le virus et ne présentent souvent aucun symptôme. Puisque les hormones du stress ont un impact sur les réactions immunitaires, il semble logique qu'une vie sociale épanouie fortifie le système immunitaire, car elle minimise le stress physiologique.

Une société d'études de Chicago confirme ce résultat. L'aide et le soutien fournis par le groupe social aident effectivement à mieux gérer le stress[9]. Si nous savons que nous pouvons parler de nos difficultés aux personnes qui nous entourent et leur demander de l'aide, alors nous affrontons les défis de la vie sans nous effondrer. Nous sommes plus résilients. En osant la vulnérabilité avec nos proches, notre charge de stress s'allège. De nombreuses personnes s'efforcent de traverser les difficultés en restant stoïques et en gardant tout à l'intérieur, mais les études prouvent qu'en cherchant à rester forts pendant les tragédies, nous souffrons bien plus longtemps que si nous partageons nos émotions et révélons notre vulnérabilité aux autres[10].

Devenir maman au Danemark

La convivialité soulage énormément les jeunes mamans qui subissent une grande quantité de stress en s'adaptant à leur nouveau rôle. Elles manquent de sommeil et peuvent se sentir dépassées par le nombre de nouvelles tâches à accomplir. Mais les études montrent que, pendant cette période difficile, elles réagissent souvent en réduisant le niveau de soutien de leur réseau social plutôt que de l'augmenter, ce qui aggrave leur stress[11]. Les chercheurs ont aussi prouvé que les amis, les membres de la famille et les groupes de parents peuvent réellement contribuer à abaisser le stress des nouvelles mamans, ce qui les aide à accueillir leur bébé avec davantage de sérénité et favorise l'attachement[12]. Plus les parents sont entourés, plus le bébé grandira heureux et en bonne santé.

Au Danemark, moins d'une semaine après avoir donné naissance à leur bébé, chaque maman reçoit chez elle la visite d'une sage-femme. Non seulement cette dernière vérifie que la maman et le bébé vont bien, mais elle communique les coordonnées de toutes les femmes du quartier qui viennent elles aussi d'avoir un bébé, en précisant s'il s'agit d'un premier, deuxième ou troisième enfant, de manière à aider les femmes à entrer en contact sur des problématiques semblables. Les mamans se regroupent et se rencontrent une fois par semaine. Au programme : partage d'expériences et soutien les une des autres. En cas d'absence, elles s'organisent et appellent ou se déplacent. Elles vérifient que la maman va bien et est en contact avec des personnes à qui elle peut se confier. Au Danemark, ces groupes offrent une assistance essentielle aux nouvelles mères, pendant une étape difficile. Ils augmentent le bien-être et le sentiment de sécurité des mères et des bébés.

Un exemple de *hygge*

Nous avons beaucoup parlé de soutien social, de convivialité, de cocooning et de l'importance du *hygge*. Voici maintenant une expérience vécue par Jessica, grâce à laquelle elle a vraiment compris ce dont il s'agissait.

Un matin ensoleillé, dans le jardin de sa belle-sœur, sous un énorme prunier, Jessica était allongée dans un hamac avec son mari, son fils et sa fille encore tout petits. Les enfants s'étaient glissés entre Jessica et son mari. Le hamac, oscillant doucement, les enveloppait tous les quatre, tel un burrito. Dans le hamac, certains avaient les yeux ouverts, d'autres non. D'un pied qui émergeait paresseusement du cocon, Jessica poussait et maintenait le balancement. Le vent agitait les feuilles en un bruissement continu ; des rayons de soleil dansaient sur les visages en dessinant des kaléidoscopes de lumière. Tous les sens de Jessica étaient repus : les sons de la nature chauffée par le soleil, l'odeur du duvet couvrant le crâne de son fils, les battements de son cœur, la chaleur de la jambe de son mari. Elle tenait le pied de sa fille blottie calmement contre son père. Ils étaient bien.

« Ah ! Je vois que vous êtes en plein *hygge* familial, là-dedans ! » a dit la belle-sœur en s'approchant d'eux avant de les inviter à passer à table. « Exactement, s'est dit Jessica. Du condensé de *hygge*. »

Le *hygge* est autant un ressenti qu'un état d'esprit qui éliminent la confusion et l'hystérie de tout le reste. Pour atteindre le *hygge*, il suffit d'apprécier les moments les plus importants et les plus porteurs de sens de nos vies, ces moments emplis d'enfants, de famille, d'amis et de les respecter en tant que moments privilégiés. À nous de préserver leur simplicité et d'œuvrer à une atmosphère conviviale en laissant nos soucis derrière la porte. Dans les grandes familles, cela demande des efforts, comme dans tous les projets d'équipe : tout le monde travaille ensemble à la réalisation d'un but commun. Exactement à l'opposé de l'individu qui veut être reconnu comme spécial, se distinguer des autres. Pour que le *hygge* s'installe, il doit être désiré et respecté par chacun. Tout le monde a un rôle à jouer. Si nous sommes tous d'accord pour contribuer à la création d'un moment de convivialité partagée, les réunions familiales deviennent plus agréables. Et en retour, notre bien-être et notre bonheur en bénéficient de façon spectaculaire.

Les recettes danoises du *hygge*

1. Prêter le serment du *hygge*

Lors de la prochaine réunion familiale, s'engager ensemble à mettre « je » de côté, à injecter de l'huile dans les rouages et à éviter les conflits et les accrochages, afin de mieux vivre l'instant présent. À la fin de ce chapitre, vous trouverez le Serment du *hygge*.

2. Savourer l'instant présent ensemble

Laisser ses soucis quotidiens derrière la porte. Se dispenser de mettre l'accent sur les côtés désagréables de sa vie ou de celle des autres, de parler de ce qui est négatif ou de parler négativement des autres, de s'accuser les uns les autres. S'efforcer de vivre l'instant présent, ce moment de convivialité. Le placer sous le signe de la légèreté, de la jovialité, de la vitalité. Les enfants copieront ce comportement en toute sécurité et se sentiront appréciés pour leur participation *higgeligt*.

3. Pratiquer le précadrage

Nous pouvons nous préparer à profiter au maximum des réunions familiales en posant les lunettes que nous portons habituellement pour voir le monde en général et sa famille en particulier. Puis nous pouvons imaginer l'expérience que nous nous apprêtons à vivre et réfléchir, discuter des stratégies qui nous aideront à garder notre calme pendant la réunion. Rappelons-nous : les rassemblements familiaux sans stress augmentent spectaculairement le bien-être. Souvent, nous répétons toujours les mêmes comportements avec certains membres de la famille. Nous pouvons changer ces comportements, en usant d'empathie, de recadrage et de précadrage.

4. S'amuser ensemble

Passer du temps en famille, jouer à des jeux en intérieur ou à l'extérieur auxquels tout le monde peut participer. Mettre ses préférences personnelles de côté, suivre le mouvement et rire, tout simplement.

5. Créer une atmosphère conviviale, « douillette »

Ajouter un éclairage chaleureux, se lancer dans une activité de fabrication de décorations, cuisiner ensemble.

6. Arrêter de se plaindre

Dès que l'on sent une plainte poindre le bout de son nez, chercher à aider quelqu'un. Si tout le monde est d'accord pour agir ainsi, cela peut transformer radicalement le niveau de bonheur familial.

7. En cas de stress, recadrer

Le recadrage est un outil vraiment puissant. Tout se prête au recadrage. Les pommes de la tarte ont trop rendu d'eau ? Super, on la mangera à la cuillère ! Le match de foot a été interrompu à cause de la pluie ? Allez hop, un tournoi de Monopoly familial ! Cette compétence se transmet de génération en génération : elle aide les enfants à mieux gérer leurs propres réactions de stress.

8. Rester simple

Nous avons tellement de jouets (adultes et enfants !) que nous masquons les choses simples, comme le bruit du vent dans les arbres, les mots si rigolos des enfants. Nos distractions nous détournent du *hygge*. Le *hygge*, c'est la capacité d'apprécier les petites choses simples et naturelles. Vive la simplicité.

9. Rester présents et encourager ses enfants à rester présents

Moins de jouets, de télés, d'iPhone et d'iPad. Pendant les fêtes et rassemblements, nous n'en avons pas besoin. Au contraire, ils nous empêchent, adultes et enfants, d'être présents. Trouvons d'autres jeux.

10. Rester connectés les uns aux autres

S'entraîner à la convivialité partagée. Si nous apprenons ensemble à pratiquer le *hygge*, nos enfants le transmettront à leur tour, renforçant les liens familiaux.

11. Encourager le jeu

Inviter des enfants plus âgés à jouer avec des plus jeunes « dans la vraie vie » et non sur un dispositif électronique. Leur fournir de la peinture, les laisser jouer dehors… Libérer le temps familial de la technologie (ou en limiter l'usage à des moments précis).

12. Favoriser l'esprit d'équipe

Concocter davantage d'activités en équipes pour encourager les enfants à travailler ensemble. Créer des chasses au trésor, construire une cabane, orchestrer un tournoi. Vive la créativité !

13. Se confier et partager ses difficultés

Quand vous ne vous sentez pas bien ou lorsque vous traversez un passage difficile, n'hésitez pas à vous épancher auprès d'une personne de confiance. Cela réduira votre stress et vous aidera à surmonter l'épreuve plus facilement. Quand vous l'aurez franchie, vous raconterez votre épreuve à vos enfants, en utilisant des termes simples et en montrant comment les autres vous ont aidé(e).

14. Créer un groupe de mères

Rechercher les mères habitant dans le voisinage et construire un groupe d'entraide. Ce type de soutien se révèle très bénéfique. Il aide les mères à surmonter les défis du quotidien et à voir leurs enfants sous un jour meilleur.

15. Enseigner aux enfants ce qu'est une équipe
Plutôt que « chacun pour soi », encourager tout le monde à se serrer les coudes pour la famille. Montrer aux enfants le rôle qu'ils peuvent jouer, comment ils peuvent contribuer par leurs activités et leurs projets. Cet esprit de coopération et de convivialité rend tout le monde plus heureux et plus sécure.

16. Célébrer la convivialité tous les jours
Le *hygge* ne se déploie pas uniquement dans les grandes réunions familiales. Il peut s'installer entre deux ou trois personnes. Vous pouvez choisir un soir de la semaine et le déclarer « soirée *hygge* », par exemple et y mettre en œuvre les idées développées dans ce chapitre.

17. Chanter
Cela semble ridicule ? Ça marche ! C'est drôle et très *hyggeligt*. Pourquoi se limiter à chanter pendant les fêtes ? Les enfants adorent chanter, les adultes aussi.

Le Serment du *hygge*

Le *hygge* est un mot que seuls les Danois utilisent. Il désigne la convivialité, le confort, le cocooning. Imaginez un espace dans lequel votre famille peut entrer. Cet endroit spécial sera *hyggeligere* (douillet) si tout le monde comprend les règles du *hygge* et s'efforce de les suivre. Le Serment du *Hygge* vous aide à poser les règles de base et à les discuter avec les participants d'un simple petit dîner, d'un barbecue ou d'un grand rassemblement familial. Si tout le monde comprend ces règles, alors tout le monde mettra la main à la pâte et créera cet endroit, le *hygge*. Quand le temps du *hygge* commence, chacun s'efforce d'encourager la convivialité pour le bénéfice de tous.

Ce qui suit est un exemple de Serment familial du *Hygge*. Vous pouvez l'adapter comme vous voulez. Que la convivialité commence !

Nous sommes d'accord pour que les dîners du dimanche soir se passent dans le *hygge*. Nous promettons de nous aider les uns les autres, comme une équipe, et nous créerons une atmosphère conviviale où chacun se sent en sécurité, où personne n'a besoin de se protéger des autres.

Nous sommes d'accord pour :

- Éteindre les téléphones et les tablettes.
- Laisser nos soucis à la porte. Il y a d'autres moments où nous pouvons discuter de nos problèmes. Quand on est dans le *hygge*, on crée un espace sécurisant où on peut se détendre en agréable compagnie. On laisse tout ce qui est stressant dehors. Pas de plaintes inutiles.

- Chercher des façons d'aider pour que personne n'ait la charge de tout le travail.
- Allumer des bougies si on est à l'intérieur.
- Faire l'effort délibéré d'apprécier la nourriture.
- Ne pas soulever de sujets polémiques, telle la politique. Tout ce qui peut dégénérer en joute verbale ou en dispute n'est pas *hyggeligt*. Nous pouvons aborder ces sujets à d'autres moments.
- Raconter ou reraconter des histoires drôles, mignonnes ou inspirantes de notre passé.
- Ne pas trop se vanter. La vantardise peut nous diviser de façon imperceptible.
- Éviter toute compétition (penser « nous » au lieu de « je »).
- Ne pas parler mal des autres, ne pas se concentrer sur ce qui est négatif.
- Jouer à des jeux auxquels tout le monde peut participer.
- Faire un effort délibéré pour ressentir de la gratitude pour les gens autour de nous qui nous aiment.

Et maintenant ?

Posons de nouveau la question : pourquoi les Danois sont-ils en tête des classements sur le bonheur depuis quarante ans ? Nous l'avons vu tout au long de *Comment élever les enfants les plus heureux du monde*, la façon dont ils éduquent leurs enfants explique leur bonheur. Ils héritent de pratiques éducatives spécifiques transmises de génération en génération. Elles construisent des adultes pleins d'assurance, confiants, équilibrés, heureux et résilients et conviennent à tous les enfants.

En tant que parent, il est essentiel de commencer par examiner notre paramétrage par défaut, nos penchants naturels, de manière à mieux comprendre où nous devons modifier notre façon de faire. Prendre le temps de se regarder en face, dans le miroir et voir ce dont nous avons hérité de notre enfance et que nous répétons : voilà le premier pas vers un changement profond, vers une formidable et puissante façon d'être parent.

Une fois notre paramétrage par défaut identifié, les recettes du bonheur danois sont faciles à mettre en œuvre pour devenir plus heureux en famille, parents et enfants.

Jouer aide les enfants à acquérir de nombreuses compétences essentielles qui leur seront utiles tout au long de leur vie. Le jeu libre, non structuré, développe entre autres résilience, aptitude à la négociation et à la résolution de problèmes ainsi que maîtrise de soi. Autre leçon précieuse : ils apprennent à réguler leur stress et risquent moins de devenir anxieux une fois adultes. Le jeu les aide à développer un locus de contrôle intérieur et leur donne confiance en leurs propres capacités. Voilà de solides fondations pour leur bonheur futur.

Être authentique permet aux enfants de se construire une boussole intérieure robuste parce qu'ils apprennent à se fier à leurs émotions. Toutes les émotions sont « bonnes » : il n'existe pas de « mauvaises » émotions. Viser l'honnêteté émotionnelle pour soi-même et l'enseigner à ses enfants valorisent fortement leur personnalité propre. Pour cela, il est intéressant de les encourager sans les féliciter de manière automatique, « vide », non authentique : comme nous l'avons vu, les complimenter pour leur intelligence (par exemple) peut provoquer un sentiment d'insécurité et les enjoindre à éviter les risques. Différents types d'encouragements leur donnent une vision différente de leur place dans le monde. En soulignant leurs efforts sur la base de ce qu'ils font, au lieu de ce qu'ils sont, nous les équipons d'un état d'esprit de développement et non d'un état d'esprit fixe. L'état d'esprit de développement contribue à la construction d'un individu plus persistant dans l'effort, résilient et profondément confiant.

Le recadrage est un outil puissant pour modifier la perspective des enfants et des parents sur la vie. La façon dont nous choisissons de regarder les événements influence notre façon de les ressentir. Les optimistes réalistes n'ignorent pas les informations désagréables, mais ils concentrent leur attention sur les autres informations disponibles et ils écrivent un récit plus riche, plus bienveillant sur leur propre histoire, celles de leurs enfants et sur la vie en général. Le recadrage peut changer notre expérience du monde et nous rendre tous plus heureux, adultes et enfants. Si nous enseignons le recadrage à nos enfants, nous leur offrons un des plus beaux cadeaux possible, parce qu'il favorise leur bonheur futur et celui des générations à venir.

L'empathie est une compétence humaine essentielle. Alors même que le niveau d'empathie dans nos sociétés occidentales a diminué tandis que le niveau de narcissisme augmentait, les chercheurs ont prouvé que nous sommes tous câblés pour l'empathie davantage que pour l'égoïsme. En retenant nos jugements et nos déclarations humiliantes, nous apprenons à mieux comprendre notre propre vulnérabilité ainsi que celle des autres. Or la vulnérabilité nous rapproche les uns des autres et nous permet de forger des liens plus solides, plus tolérants, ce qui nous rend plus heureux. La pratique de l'empathie enseigne aux enfants le respect tant de soi que d'autrui, ce qui contribue à un profond bien-être.

Pas d'ultimatum : sinon, nous entrons dans un rapport de force et perdons notre sang-froid. De nombreux parents crient ou utilisent la punition corporelle pour maintenir la discipline. Nous ne nous contrôlons pas toujours et pourtant nous exigeons que nos enfants se maîtrisent. Les parents autoritaristes non réceptifs éduquent leurs enfants par la peur et non par la confiance et la proximité : même si cela semble fonctionner sur le moment, les conséquences à long terme peuvent être dommageables. Le mode parental des Danois, plus diplomatique, favorise la confiance et la résilience des enfants. S'ils se sentent respectés et compris, ils assimilent et respectent les règles, développent un self-control bien plus puissant et, au final, deviennent des adultes plus heureux et plus stables émotionnellement.

La convivialité et le *hygge* favorisent des relations de proximité, relations souvent synonymes d'un haut niveau de bonheur individuel. En apprenant comment instaurer le *hygge*, à passer du temps ensemble dans une atmosphère douillette, nous pouvons améliorer la qualité des rassemblements familiaux et les transformer en expériences plaisantes et mémorables pour nos enfants. En laissant « je » derrière la porte et en se concentrant sur « nous », nous éliminons les psychodrames inutiles et les piques blessantes parfois indissociables de nos retrouvailles familiales. Une famille heureuse et un soutien social solide rendent les enfants plus heureux.

Vous connaissiez peut-être déjà certains concepts présentés dans ce livre. Ou peut-être n'en aviez-vous jamais entendu parler. Vous pratiquiez peut-être déjà certaines des recettes du bonheur danois, peut-être aucune. Même si vous ne choisissez que quelques-unes des méthodes suggérées dans ce livre et les incorporez à votre vie, nous sommes convaincues que vos enfants en bénéficieront et seront plus heureux que jamais. Pour en savoir davantage sur *Comment élever les enfants les plus heureux du monde*, vous pouvez consulter le site thedanishway.com (en anglais). Vous y trouverez des idées supplémentaires, des suggestions de lecture et davantage d'informations.

Ensemble, parents et professeurs peuvent se soutenir les uns les autres et promouvoir les recettes du bonheur danois pour éduquer des enfants plus heureux et plus résilients. Nous avons tous besoin d'aide. En construisant une communauté d'individus partageant l'objectif d'incorporer les principes éducatifs danois à leurs vies, nous aidons nos enfants à devenir eux aussi « les plus heureux du monde » sans avoir à déménager au Danemark. Nous espérons que vous vous joindrez à nous dans cette aventure, vers toujours plus d'enfants et de parents heureux !

Notes

Introduction

1. L'étude de l'OCDE mesurant le bien-être dans différents pays s'appelle le « *Better Life Index* » ou « Indicateur du vivre mieux ». http://www.oecdbetterlifeindex.org/fr/.

2. Commandé par la conférence des Nations unies sur le bonheur d'avril 2012, le premier rapport mondial sur le bonheur (http://www.earth.columbia.edu/articles/view/2960) a fait date. Réalisé par la prestigieuse université américaine Columbia, il a attiré l'attention du monde entier en proposant la première analyse de l'état de bonheur de la planète. Le *World Happiness Report* de 2013 (http://unsdsn.org/resources/publications/world-happiness-report-2013/) place le Danemark en tête des classements. Ce n'est pas la première fois que les Danois ont l'honneur d'être désignés le peuple le plus heureux du monde. Déjà en 1973, la Commission européenne avait créé un Eurobaromètre afin de sonder l'opinion publique dans les différents États de l'Union européenne. Depuis 1973, tous les ans, elle enquête sur le niveau de bien-être et de bonheur dans ses États membres. Tous les ans, depuis 1973, le Danemark arrive en tête de l'Eurobaromètre du bonheur.

3. « And the Happiest Place on Earth Is… » (Et l'endroit le plus heureux sur terre est…) émission *60 minutes*, 14 février 2008. http://www.cbsnews.com/news/and-the-happiest-place-on-earth-is/

4. Women Around the World, oprah.com, 21 octobre 2009, http://www.oprah.com/world/Inside-the-Lives-of-Women-Around-the-World.

1. Reconnaître notre mode par défaut

1. « Ethnothéories parentales », ces notions implicites, considérées comme allant de soi, que nous avons sur la façon d'éduquer nos enfants. Sara Harkness et Charles M. Super, « Themes and Variations : Parental Ethnotheories in Western Cultures », in *Parental Beliefs, Parenting, and Child Development in Cross-Cultural Perspective*, éd. K. Rubin et O. B. Chung (Londres : Psychology Press, 2013).

2. Entre 2005 et 2008, d'après le National Center for Health Statistics (Centre National des Statistiques de Santé), la consommation d'antidépresseurs a quadruplé. National Center for Health Statistics, http://www.cdc.gov/nchs/data/databriefs/db76.htm

3. Le Trouble du Déficit de l'Attention est désormais le diagnostic « en vogue ». Aux États-Unis, entre 2003 et 2007, sa prévalence a augmenté de 5,5 % par an. http://www.cdc.gov/ncbddd/adhd/data.html/

4. En 2010, au moins 5,2 millions d'Américains de trois à dix-sept ans prenaient de la Ritaline à cause d'un trouble du déficit de l'attention, sur un total de 5,9 millions diagnostiqués d'un trouble de l'attention avec ou sans hyperactivité. http://www.cdc.gov/nchs/fastats/adhd.htm

5. En tant que parent, la première étape vers un réel changement de vie consiste à prendre conscience de ses réactions et à choisir son comportement. http://www.boernogunge.dk/internet/boernogunge.nsf/0/7F-933F515B65A7B3C1256C64002D2029?opendocument

2. Le jeu

1. « En cinquante ans, il est étonnant de constater à quel point, pour les enfants des nations développées, y compris les Américains, les occasions de jeux libres ont continuellement et spectaculairement chuté. Ce déclin

se poursuit, avec de graves conséquences sur le développement physique, mental et social des enfants. » Peter Gray, rédacteur invité, professeur et chercheur en psychologie au Boston College. http://www.bc.edu/offices/pubaf/news/2011_jun-aug/petergray_freeplay08252011.html

2. La résilience et le succès : Gary Stix, « The Neuroscience of True Grit », *Scientific American Mind*, 1er mars 2011.

3. Inspirés par Friedrich Fröbel (1782-1852), Niels et Erna Juel-Hansen sont non seulement les auteurs de la première pédagogie danoise, ils ont aussi fondé la première école maternelle danoise « Fröbel », où, pour la première fois dans l'histoire de l'éducation danoise, le jeu tenait une place très importante. Fröbel avait compris que les enfants ont besoin d'organiser eux-mêmes leurs jeux qui leur servent d'exutoires naturels pour des besoins spécifiques à l'enfance. C'est pourquoi il utilisait le jeu comme méthode pédagogique qui accompagnait et soutenait le développement des enfants. Depuis, au Danemark, le mouvement du jeu libre s'est propagé et amplifié. http://www.bupl.dk/iwfile/BALG-8RQDV8/$file/EnPaedagogiskHistorie.pdf

4. Les chercheurs ont invariablement démontré qu'un locus de contrôle externe prédispose à l'anxiété et à la dépression chez l'enfant, l'adolescent et l'adulte. Ho Cheung William Li et Oi Kwan Joyce Chung, « The Relationship Between Children's Locus of Control and Their Anticipatory Anxiety », *Public Health Nursing 26*, N° 2 (2009) : 153-60.

5. L'équipe scientifique de San Diego a découvert qu'entre 1960 et 2002, la proportion de jeunes Américains présentant un locus de contrôle externe a spectaculairement augmenté, quel que soit l'âge, de l'école primaire à l'université. Jean M. Twenge, Liqing Zhang et Charles Im, « It's Beyond My Control : A Cross-Temporal Meta-analysis of Increasing Externality in Locus of Control, 1960-2002 », *Personality and Social Psychology Review 8*, N° 3 (2004) : 308-19.

6. Le psychologue russe Lev Vygotsky (1896-1934) s'intéressait au développement pendant la petite enfance et à la façon dont les individus élargissent leurs connaissances. Malgré sa courte vie, il a créé une théorie étrangement visionnaire de l'apprentissage. Aujourd'hui encore, ses idées ont une influence majeure sur le curriculum des écoles danoises. Il est donc très utile de se familiariser avec sa pensée et son adaptation au contexte danois. Vygotsky est particulièrement connu pour son concept de « zone de développement proximal ». Cette zone recouvre l'aire où l'enfant est

indépendant. D'après Vygotsky, un enfant peut apprendre et coopérer au sein de cette zone. Leif Strandberg, *Vygotskij i praksis* (Copenhague : Akademisk Forlag, 2009).

7. En gardant leurs distances et en respectant la zone de développement proximal de l'enfant, les parents l'aident à construire un locus de contrôle interne et à avoir confiance en ce moteur interne : l'enfant se sent aux commandes de ses défis et de ses difficultés. Michael White (1948-2008), fondateur des pratiques narratives, s'est inspiré du concept de zone de développement proximal créé par Lev Vygotsky. Il a mis au point des cartes des pratiques narratives, sortes de guides d'entretien « échafaudages », construits autour de cinq questions appelées aussi catégories d'investigation. Ces cartes accompagnent le mouvement progressif, graduel, de la personne à travers sa zone de développement proximal. Voici comment White parle de Vygotsky : « En étudiant la coopération sociale, Vygotsky a observé que les adultes qui s'occupent d'enfants structurent les apprentissages de ces derniers de manière à leur permettre de quitter le familier, la performance routinière de ce qu'il est possible de savoir et de réussir. Il a décrit ce phénomène en tant que mouvement à travers une zone d'apprentissage, qu'il a appelée "zone de développement proximal". » Michael White, *Carte des pratiques narratives*, (Bruxelles : Le Germe, 2009).

8. L'éminent professeur et psychologue du développement David Elkind, auteur du best-seller *The Hurried Child* (*L'Enfant stressé*, Montréal : Éditions de l'Homme, 1983), nous rappelle « qu'il n'existe aucune corrélation entre un apprentissage précoce de la lecture chez un enfant et son éventuelle réussite pendant ses études ultérieures ». Il est encore plus déconcertant de constater que les enfants ont tendance à être plus anxieux quand ils ont fréquenté des écoles maternelles axées sur leur réussite scolaire plutôt que sur leur développement global. Ces mêmes enfants ont tendance à avoir une faible estime d'eux-mêmes et finissent par avoir un niveau de lecture équivalent à ceux des autres enfants. Pour une éducation solide, la pression et l'anxiété ne sont donc pas des ingrédients nécessaires. Au contraire, elles peuvent générer des conséquences néfastes. http://www.heyquitpushing.com/why-sooner-inst-better.html

9. Des expériences réalisées avec des rats domestiques et des singes rhésus privés de compagnons de jeu montrent que ces animaux expriment une peur excessive ou une agressivité déplacée. Pour un compte-rendu de ces études sur

la privation de jeu, voir Peter LaFreniere, « Evolutionary Functions of Social Play : Life Histories, Sex Differences and Emotion Regulation », *American Journal of Play 3*, N° 4 (2011) : 464–88 ; S. M. Pellis, V. C. Pellis et H. C. Bell, « The Function of Play in the Development of the Social Brain », *American Journal of Play 2*, N° 3 (2010) : 278-96.

10. Quand ces mêmes animaux jouent avec un autre pendant une heure par jour, leur développement suit un cours normal. S. M. Pellis et V. C. Pellis, « Rough-and-Tumble Play : Training and Using the Social Brain », in *The Oxford Handbook of the Development of Play*, éds. Peter Nathan et Anthony D. Pellegrini (Oxford, Royaume-Uni : Oxford University Press, 2011), 245-59 ; H. C. Broccard-Bell, S. M. Pellis et B. Kolb, « Juvenile Peer Play Experience and the Development of the Orbitofrontal and Medial Pre-frontal Cortex », *Behavioural Brain Research 207*, N° 1 (2010) : 7-13.

11. On sait que l'exposition au stress de bébés animaux a un impact : elle abaisse leur réactivité au stress au fil du temps. En stimulant l'instinct de combat-fuite, le jeu aide les enfants à apprendre à gérer le stress. Pellis et Pellis, « Rough-and-Tumble Play » ; Pellis, Pellis et Bell, « The Function of Play ».

12. Une des plus grosses craintes des personnes atteintes d'un trouble anxieux est de perdre le contrôle de leurs émotions. David H. Barlow, *Anxiety and Its Disorders : The Nature and Treatment of Anxiety and Panic*, 2e éd. (New York : Guilford Press, 2002).

13. Plus les enfants de maternelle jouent, mieux ils surmontent la difficulté. I. Saunders, M. Sayer et A. Goodale, « The Relationship Between Playfulness and Coping Skills in Preschool Children : A Pilot Study », *American Journal of Occupational Therapy 53*, N° 2 (1999) : 221-6.

14. Le jeu permet d'améliorer l'aptitude à gérer une difficulté, notamment grâce à une meilleure adaptabilité et à une flexibilité accrue face aux problèmes et aux objectifs. L. M. Hess et A. C. Bundy, « The Association Between Playfulness and Coping in Adolescents », *Physical and Occupational Therapy in Pediatrics 23*, N° 2 (2003) : 5-17.

15. Ils apprennent à affronter leur peur et à la gérer. Marek Spinka, Ruth C. Newberry et Marc Beko, « Mammalian Play : Training for the Unexpected », *Quarterly Review of Biology 76*, N° 2 (2001) : 141-68.

16. Les jeux en groupe permettent à la fois d'affronter le conflit et de développer la coopération et le self-control. LaFreniere, « Evolutionary Functions of Social Play ».

17. Les interactions des enfants dans le jeu : ils négocient les rôles et les règles. Stig Broström, « Børns Lærerige Leg », *Psyke & Logos 23* (2002) : 451-69. Stig Broström est un éducateur spécialisé, docteur en pédagogie de la petite enfance. Il enseigne à la faculté des sciences de l'éducation d'Aarhus.

18. La Patrouille du jeu est le fruit de la collaboration entre la Dansk Skoleidræt (sport scolaire danois) et les écoles élémentaires danoises. Cette organisation nationale sportive a pour objectif de promouvoir l'apprentissage, la santé et le bien-être à travers les sports, le jeu et l'exercice physique pour tous les élèves. « En offrant, en collaboration avec les écoles, des activités à différents moments du temps scolaire, juste avant ou juste après l'école, dans la salle de classe, pendant la récréation, nous donnerons aux élèves l'occasion de pratiquer différents sports et activités physiques et d'en tirer de la joie. Nous sommes convaincus que la joie tirée d'une activité physique aide à construire les bases d'une bonne hygiène de vie. C'est ce qui fait que les élèves deviennent davantage capables de prendre des décisions saines aujourd'hui et dans le futur. » www.legepatruljen.dk

19. Le développement du self-control. Lev Vygotsky, « The Role of Play in Development », in *Mind in Society : The Development of Higher Psychological Processes*, éd. Michael Cole, Vera John-Steiner, Sylvia Scribner et Ellen Souberman (Cambridge, Massachusetts : Harvard University Press, 1978) : 92-104.

20. En jouant aux Legos avec votre fille, vous l'aidez en douceur à maîtriser une difficulté croissante. Andreas Abilbund, « Children Can Play Their Way to More Learning in School », *ScienceNordic*, 23 juin 2014, http://sciencenordic.com/children-can-play-their-way-more-learning-school

21. Aires de jeu Kompan, www.kompan.fr

22. Dans un environnement sensoriel riche, le jeu stimule le développement cérébral. Silvia Helena Cardoso et Renato M. E. Sabbatini, « Learning and Changes in the Brain », 1997, http://lecerveau.mcgill.ca/flash/capsules/articles_pdf/changes_brain.pdf

23. Aux États-Unis, les pédiatres ont publié un manifeste pour convaincre les parents que jouer fait du bien aux enfants. « Le temps de jeu non structuré est plus important pour le cerveau en cours de développement que le

temps passé devant un support électronique. Très jeunes, grâce au jeu libre et déconnecté, les enfants apprennent à penser de manière créative et à résoudre des problèmes. Ils développent leurs aptitudes motrices et déductives. Le jeu libre leur enseigne aussi comment se divertir eux-mêmes. » http://www.aap.org/en-us/about-the-aap/aap-press-room/Pages/Babies-and-Toddlers-Should-Learn-from-Play-Not-Screens.aspx

Ressources supplémentaires :

Hans Henrik Knoop est professeur agrégé à la faculté des sciences de l'éducation d'Aarhus, directeur de recherche en psychologie positive. Pour lui, La psychologie et l'étude du cerveau nous montrent à quel point le champ de l'éducation est un champ excitant, une expérience professionnelle à la fois créative et efficace. Knoop explique comment concilier le respect du bien-être, les impératifs d'un apprentissage et la créativité. Hans Henrik Knoop, *Play, Learning and Creativity : Why Happy Children Are Better Learners* (Copenhagen : Aschehoug, 2002).

Les enseignants et les éducateurs peuvent combiner le jeu et les apprentissages. Le jeu peut instruire, tandis que certaines activités d'apprentissage rentrent dans le champ naturel du jeu. Eva Johansson et Ingrid Samuelsson, *Lærerig leg – børns læring gennem samspil* (Frederikshavn : Dafolo, 2011).

Le jeu et l'apprentissage dans la vie quotidienne. M. S. Larsen, B. Jensen, I. Johansson, T. Moser, N. Ploug et D. Kousholt, *Forskningskortlægning og forskervurdering af skandinavisk forskning i året 2009 i institutioner for de 0-6 årige (førskolen)* (Cartographie et analyse critique des études scandinaves de 2009 dans les établissements recevant des enfants de 0 à 6 ans) (Copenhague : Clearinghouse for Uddannelses-forskning, 2011), N° 07, http://www.eva.dk/dagtilbud/bakspejlet/forskningskortlaegning-2009

Bo Stjerne Thomsen, directeur des études et de l'apprentissage à la Fondation Lego, affirme que les écoles devraient utiliser plus de jeux au sein même des apprentissages : « Les enfants apprennent en jouant. Ils sont curieux. Ils aiment explorer. Ils créent des choses et les partagent avec les autres. La science a prouvé que les enfants apprennent mieux en jouant. » Article d'Andreas Abilbund, « Children Can Play Their Way to More Learning in School », *ScienceNordic*, 23 juin 2014, http://sciencenordic.com/children-can-play-their-way-more-learning-school

Le professeur agrégé en psychologie Pernille Hviid insiste : « Apprendre en jouant, voilà la priorité, y compris quand les professeurs de mathématiques et autres enseignants danois souhaitent transmettre les compétences de base aux enfants d'aujourd'hui. Il ne s'agit pas de jeter à la poubelle les usages établis par sagesse conventionnelle, mais de laisser la porte ouverte afin que ces mêmes conventions interagissent avec l'imagination. Si seulement on arrivait à produire ces interactions, les nouvelles générations seraient non seulement prêtes à prendre la relève, mais aussi à faire évoluer la société future. » Article d'Andreas Abilbund, « Children Can Play Their Way to More Learning in School », *ScienceNordic*, 23 juin 2014, http://sciencenordic.com/children-can-play-their-way-more-learning-school

Jennifer Freeman, David Epston et Dean Lobovits, *Playful Approaches to Serious Problems* (New York : W. W. Norton & Company, 1997).

3. L'authenticité

1. Les films tristes rendent heureux. S. Knobloch-Westerwick, Y. Gong, H. Hagner et L. Kerbeykian, « Tragedy Viewers Count Their Blessings : Feeling Low on Fiction Leads to Feeling High on Life », *Communication Research 40*, N° 6 (2013) : 747-66.

2. Certains chercheurs pensent que la fin de *La Petite Sirène* est un ajout tardif. http://en.wikipedia.org/wiki/The_Little_Mermaid

3. Les Danois pensent que les tragédies et autres calamités fournissent elles aussi matière à discussion. M. B. Oliver et A. A. Raney, « Entertainment as Pleasurable and Meaningful : Differentiating Hedonic and Eudaimonic Motivations for Entertainment Consumption », *Journal of Communication 61*, N° 5 (2011) : 984-1004 ; Elizabeth L. Cohen, « TV So Good It Hurts : The Psychology of Watching Breaking Bad », *Scientific American*, 29 septembre 2013, http://blogs.scientificamerican.com/guest-blog/2013/09/29/tv-so-good-it-hurts-the-psychology-of-watching-breaking-bad/.

4. L'humilité n'est pas l'ignorance de qui nous sommes, mais la reconnaissance et l'acceptation de ce qui ne participe pas à la relation à l'autre. Article sur l'humilité et l'éthique au Danemark écrit par Jacob Birkler, « Ydmyghed

er en sand dyd », etik.dk, 15 août 2011, www.etik.dk/klummen-etisk-set/ydmyghed-er-en-sand-dyd.

5. Si l'enfant est constamment félicité pour son intelligence, son talent inné ou sa précocité, il développe ce que Carol S. Dweck appelle un état d'esprit « fixe » (son niveau d'intelligence est figé, il en a en quantité déterminée). C. S. Dweck, *Changer d'état d'esprit : une nouvelle psychologie de la réussite* (Bruxelles : Mardaga, 2010).

6. Puisqu'on leur a toujours répété qu'ils avaient du talent, les enfants équipés d'un état d'esprit fixe ont peur de perdre leur statut d'« enfant brillant » s'ils peinent à atteindre un but. C. S. Dweck, *Self-Theories : Their Role in Motivation, Personality and Development* (Philadelphie : Taylor and Francis/Psychology Press, 1999).

7. Suite à un échec, plutôt que de baisser les bras, les élèves équipés d'un état d'esprit de développement redoublent d'efforts et cherchent de nouvelles stratégies d'apprentissage. L. S. Blackwell, K. H. Trzesniewski et C. S. Dweck, « Implicit Theories of Intelligence Predict Achievement Across an Adolescent Transition : A Longitudinal Study and an Intervention », *Child Development 78*, N° 1 (2007) : 246–63.

8. Même vieillards, nous pouvons encore aiguiser différents aspects de notre intelligence. N. Doidge, *Les étonnants pouvoirs de transformation de votre cerveau* (Paris : Pocket, 2010).

9. Les ingrédients magiques pour cultiver notre intelligence jusqu'au bout et engranger les succès dans toutes sortes de domaines : l'engagement et la persistance face aux obstacles. K. A. Ericsson, N. Charness, P. J. Feltovich et R. R. Hoffman, éds., *The Cambridge Handbook of Expertise and Expert Performance* (New York : Cambridge University Press, 2006).

10. Dweck et ses collègues ont réalisé plusieurs études fascinantes centrées sur des élèves de CM2, montrant l'impact des félicitations et des encouragements sur les performances des enfants. C. M. Mueller et C. S. Dweck, « Intelligence Praise Can Undermine Motivation and Performance », *Journal of Personality and Social Psychology 75*, N° 1 (1998) : 33–52.

11. Un article récent du *New York Times* explique que les entreprises d'aujourd'hui recrutent des personnes dotées d'un état d'esprit de développement plutôt que des personnes démontrant un état d'esprit fixe. Janet Rae-Dupree, « If You're Open to Growth, You Tend to Grow »,

New York Times, 6 juillet 2008, http://www.nytimes.com/2008/07/06/business/06unbox.html?_r=0.

Ressource supplémentaire :
Arthur C. Brooks, « Love People, Not Pleasure », *New York Times*, 18 juillet 2014, http://www.nytimes.com/2014/07/20/opinion/sunday/arthur-c-brooks-love-people-not-pleasure.html?_r=1

4. Le recadrage

1. Steve M. Southwick et Denis S. Charney, « Ready for Anything », *Scientific American Mind*, juillet-août 2013, p. 36. « Training in cognitive reappraisal is a component of various therapies designed to enhance well-being, strengthen resilience and reduce distress. » (La formation à la réévaluation cognitive fait partie de différentes sortes de thérapies visant à élever le niveau de bien-être, augmenter la résilience et réduire la détresse.) Dans ce même article, la citation de Dean M. Becker est une reprise de l'article de Diane Coutu, « How Resilience Works », *Harvard Business Review*, 2001.

2. De nombreuses études montrent que quand nous choisissons délibérément de réinterpréter un événement déplaisant afin de mieux le « digérer », l'activité cérébrale baisse dans les zones liées au traitement des émotions pénibles, tandis qu'elle augmente dans les aires associées au contrôle cognitif et à l'adaptabilité. A. T. Beck et G. Emery, *Anxiety Disorders and Phobias : A Cognitive Perspective* (New York : Basic Books, 1985). Voir aussi T. D. Borkovec et M. A. Whisman, « Psychosocial Treatment for Generalized Anxiety Disorder », in M. Mavissakalian et R. Prien, éds., *Anxiety Disorders : Psychological and Pharmacological Treatments* (Washington, DC : American Psychiatric Press).

3. Visages de personnes en colère. G. Sheppes, S. Scheibe, G. Suri, P. Radu, J. Blechert et J. J. Gross, « Emotion Regulation Choice : A Conceptual Framework and Supporting Evidence », *Journal of Experimental Psychology 143*, N° 1 (2014) : 163–81.

4. Araignées et serpents. A. A. Shurick, J. R. Hamilton, L. T. Harris, A. K. Roy, J. J. Gross et E. A. Phelps, « Durable Effects of Cognitive Restructuring on Conditioned Fear », *Emotion 12*, N° 6 (2012) : 1393–7.

5. Quelques exemples de langage réducteur. Svend Aage Rasmussen, *Det fjendtlige sprog – Refleksioner over udviklinger i psykiatrien* (Copenhague : Universitetsforlaget, Fokus, 2003), 229–45.

6. En reformulant nos pensées avec des mots plus réconfortants, moins contrastés, nous changeons nos impressions. Anette Prehn, « The Neuroscience of Reframing & How to Do It », vidéo proposée par le service Udemy, 10'48", https ://www.udemy.com/the-neuroscience-of-reframing-and-how-to-do-it/

7. « Avec le récit personnel de notre vie, nous intégrons les leçons tirées des événements que nous traversons et leur donnons du sens. Grâce à des thèmes spécifiques, nous établissons des liens entre des séquences d'événements qui se déroulent à travers le temps. » Michael White, David Epston, *Les moyens narratifs au service de la thérapie* (Bruxelles : Satas, 2009).

8. « Un problème n'est un problème que si on en parle comme un problème. » Allen Holmgren en 2014, lors d'une conversation personnelle avec les auteures ; Annette Holmgren, *Fra terapi til pædagogik : En brugsbog i narrativ praksis* (Copenhague : Hans Reitzels Éditions, 2010).

9. « L'approche narrative est connue pour ses conversations de "re-authoring" ou "re-storying" (redevenir auteur de sa vie, ré-écrire, ré-histoiriser sa vie). [...] L'être humain est doué d'interprétation. Comme tout le monde, nous cherchons à donner du sens à nos expériences quotidiennes. Nous créons les récits de nos vies en reliant des événements entre eux, dans une séquence de temps spécifique, et en trouvant une façon de les expliquer, de leur donner du sens. Cette recherche de sens fournit le thème de l'histoire. Nous n'arrêtons jamais dans nos vies de générer du sens. Une histoire, c'est comme un fil qui tisse les événements entre eux pour former un récit. [...] Nous allons chercher dans nos conversations à découvrir des histoires alternatives – mais pas n'importe lesquelles : des histoires que les personnes identifient comme convenant mieux à leur vie. [...] Les histoires alternatives peuvent ouvrir de nouvelles possibilités dans la vie des gens. » Alice Morgan, *Qu'est-ce que l'approche narrative* (Paris : InterÉditions, 2015). Trad. Catherine Mengelle.

Pour faciliter le processus que White appelle le « re-authoring », l'adulte peut poser des questions à l'enfant sur « le paysage de l'action » et « la conscience du paysage ». Dans les conversations thérapeutiques, ces concepts aident le thérapeute à créer un contexte dans lequel les personnes donnent du sens à de nombreux événements importants, mais négligés, de leur vie. Michael White, *Cartes des pratiques narratives* (Bruxelles : Satas, 2009).

10. « Séparer l'action de la personne s'appelle "externaliser". L'externalisation aide à dissoudre et à déconstruire le problème, puis ouvre des pistes pour créer de nouvelles histoires le racontant. [...] Parler des problèmes comme étant séparés de la personne est une pratique linguistique qui laisse aux enfants de la place pour trouver de nouvelles descriptions d'eux-mêmes. Ainsi ils s'expriment de manière à rendre leurs histoires préférées plus accessibles. » Michael White, *Les moyens narratifs au service de la thérapie.*

« J'ai mis l'accent sur le potentiel des conversations externalisantes et j'ai illustré comment elles pouvaient (a) aider les personnes à se défaire de leurs conclusions identitaires négatives et (b) préparer le chemin pour l'introduction de nouvelles conversations qui contribuent à l'exploration et à la génération de conclusions identitaires plus positives. Ces conclusions identitaires positives ne sont pas des phénomènes isolés. Elles sont associées à des connaissances spécifiques de la vie et à des pratiques de vie. » Michael White et Alice Morgan, *Narrative therapy with children and their families*, (Adelaïde : Dulwich Centre Publications, 2006).

« Vous pouvez et vous devez toujours raconter une histoire différente de l'histoire dominante. Chaque histoire ne donne pas d'épaisseur, de perspective dans le récit et dans la description. Nous pensons qu'il est davantage pertinent d'épaissir ces récits que de couvrir nos enfants de louanges superficielles. » Michael White, *Les moyens narratifs au service de la thérapie.*

5. L'empathie

1. L'empathie chez les jeunes a chuté de moitié. S. Konrath, E. O'Brien et C. Hsing, « Changes in Dispositional Empathy in American College Students over Time : A Meta-analysis », *Personality and Social Psychology Review 15*, N° 2 (2011) : 180-98.

2. Jean M. Twenge et Joshua D. Foster, « Birth Cohort Increases in Narcissistic Personality Traits Among American College Students, 1982-2009 », *Social Psychological and Personality Science 1*, N° 1 (2010) :

99–106 ; Jean M. Twenge, S. Konrath, J. D. Foster, W. K. Campbell et B. J. Bushman, « Egos Inflating over Time : A Cross-Temporal Meta-analysis of the Narcissistic Personality Inventory, », *Journal of Personality 76*, N° 4 (2008) : 875-902 ; Peter Gray, « Why Is Narcissism Increasing Among Young Americans ? » *Psychology Today*, 16 janvier 2014, http://www.psychologytoday.com/blog/freedom-learn/201401/why-is-narcissism-increasing-among-young-americans ; J. M. Twenge et W. K. Campbell, *The Narcissism Epidemic : Living in the Age of Entitlement* (New York : Free Press, 2009).

3. Les gens croient que les humains, comme tous les êtres vivants, sont fondamentalement égoïstes, agressifs et en compétition les uns contre les autres. Maia Szalavitz, « Is Human Nature Fundamentally Selfish or Altruistic ? » *Time*, octobre 2012, http://healthland.time.com/2012/10/08/is-human-nature-fundamentally-selfish-or-altruistic/

4. « Très rapidement, au bout de six semaines de recherche, je suis tombée sur cette chose sans nom qui détruit les liens entre les gens d'une manière que je ne comprenais pas ou que je n'avais jamais vue. Alors j'ai arrêté mes recherches et je me suis dit que je devais trouver ce que c'était. En fait, c'était la honte. La meilleure façon de parler de la honte, c'est en disant que c'est la peur de la déconnexion. » Brené Brown, « The Power of Vulnerability », juin 2010, vidéo TED, 20'19", https ://www.ted.com/talks/brene_brown_on_vulnerability

5. Brené Brown, *Ibid.*

6. Le cerveau social. Matthew D. Lieberman, *Social : Why Our Brains Are Wired to Connect* (New York : Crown, 2013).

7. Lieberman pense que nous ne sommes pas câblés pour notre seul intérêt personnel, mais aussi pour le bien-être d'autrui. « The Social Brain and Its Superpowers : Matthew Lieberman, vidéo TEDxStLouis accessible sur YouTube, 17'58", publiée par « TEDx Talks » le 7 octobre 2013, https ://youtu.be/NNhk3owF7RQ

8. Le dilemme du prisonnier. Robin Marantz Henig, « Linked In : *Social*, by Matthew D. Lieberman », *New York Times*, 1er novembre 2013, http://www.nytimes.com/2013/11/03/books/review/social-by-matthew-d-lieberman.html?_r=1

9. L'empathie s'observe chez toutes sortes d'animaux. Frans de Waal, *L'Âge de l'empathie : Leçons de la nature pour une société solidaire* (Arles : Actes Sud, 2011) ;

Greg Ross, « An interview with Frans de Waal », *American Scientist*, http://www.americanscientist.org/bookshelf/pub/an-interview-with-frans-de-waal ; Frans de Waal, « Moral Behavior in Animals », filmé en novembre 2011, vidéo TED, 16'52", http://www.ted.com/talks/frans_de_waal_do_animals_have_morals

10. Les recherches montrent que les bébés naissent avec la capacité de se connecter aux émotions et aux humeurs de leur mère, puis, plus tard, celles d'autres personnes. Pour une présentation en français de telles recherches, lire Daniel N. Stern, « Le désir d'intersubjectivité. Pourquoi ? Comment ? », *Psychothérapies 25*, 2005. http://www.cairn.info/revue-psychotherapies-2005-4-page-215.htm.

11. Le cerveau moyen ou mésencéphale contient une partie du système limbique, que l'on peut décrire comme l'usine chimique du cerveau. Le système limbique joue un rôle très important dans nos comportements sociaux et nos émotions. Le mésencéphale contient le thalamus, l'hypothalamus et l'hypophyse.

12. Daniel Siegel, Center for Building a Culture of Empathy. http://cultureofempathy.com/References/Experts/Daniel-Siegel.htm « L'empathie n'est pas un luxe, c'est une nécessité. » Daniel Siegel et Edwin Rutsch : « Dialogs on How to Build a Culture of Empathy », vidéo YouTube, 58'22" publiée par Edwin Rutsch le 29 octobre 2012, https ://youtu.be/XIzTdXd-hU0w

13. La toute première expérience de l'empathie : quand les parents réagissent aux différentes expressions de leur bébé. Ce faisant, ils lui signifient qu'ils sont là, disponibles pour l'aider.

Pendant ses premières années, l'enfant s'entraîne à comprendre les autres et à tenir compte d'eux. Quand un enfant donne une sucette à sa poupée, prend sa petite sœur sur ses genoux et joue au papa et à la maman, il développe son empathie. D'après Charlotte Clemmensen, psychologue danoise : « Les bébés réagissent aux émotions des autres. Les recherches montrent que les nouveau-nés réagissent aux pleurs des autres bébés : ils ont peur ou deviennent anxieux. Certains se mettent même à pleurer. » http://voresborn.dk/barn/laer-dit-barn-at-vaere-god-mod-andre

14. Voir les diverses études de l'Institut Max-Planck accessibles à l'adresse http://www.eva.mpg.de/psycho/child-social-cognition.html

15. F. Warneken et M. Tomasello, « Altruistic Helping in Human Infants and Young Chimpanzees », *Science 311*, N° 5765 (2006) : 1301-3 ; Nathalia Gjersoe, « The Moral Life of Babies », *The Guardian*, 12 octobre 2013, https ://richarddawkins.net/2013/10/the-moral-life-of-babies/

16. Être empathique aide nos enfants à le devenir. www.family-lab.com/about/jesper-juul-articles/item/empati-3

17. Jesper Juul, *Regarde... ton enfant est compétent : Renouveler la parentalité et l'éducation*, (Lyon : Chronique Sociale, 2012). Trad. Christine Berlioz et Laila Flink Thullesen. Jesper Juul est thérapeute familial, auteur de nombreux livres, éducateur et conférencier de renommée internationale. Ses découvertes ont été confirmées par la recherche en neurosciences et en psychologie sociale. Elles forment le socle d'un changement de paradigme dans l'étude des familles et des interactions entre enfants, jeunes et adultes, qui peuvent s'appliquer dans les pratiques thérapeutiques avec les familles.

18. Un trouble diagnostiqué chez un enfant illustre l'interaction dynamique entre les différents facteurs influant sur son développement psychologique et neuropsychologique. Susan Hart et Ida Møller, « Udviklingsforstyrrelser hos Børn Belyst Udfra det Dynamiske Samspil Mellem Neuropsykologiske og Udviklingspsykologiske Faktorer » (2001), www.neuroaffect.dk/Artikler_pdf/kas2.pdf ; Rachel Sullivan, « Helicopter Parenting Causes Anxious Kids », ABC Science, 20 août 2012, http://www.abc.net.au/science/articles/2012/08/20/3570084.htm

19. Sue Gerhardt, *Why Love Matters : How Affection Shapes a Baby's Brain* (New York : Routledge, 2004), 264.

20. On peut acquérir des compétences sociales et émotionnelles, comme toute autre compétence. Les Danois développent ces compétences en leur donnant forme à travers des mots et des gestes, puis ils les consolident en les reconnaissant comme importantes. Selon eux, elles font partie des compétences fondamentales à apprendre pendant l'enfance. Le programme Pas à Pas (Step by step) a été développé par le CESEL (Center for Social og Emotionel Læring, Centre pour l'apprentissage social et émotionnel). Ce programme clé en main vise à éviter le harcèlement et la violence scolaires, à promouvoir l'empathie et à développer les compétences relationnelles des enfants. C'est un programme éducatif rigoureux, très structuré, facilement applicable pour tout enseignant souhaitant développer chez ses

élèves l'empathie, le contrôle des impulsions et la résolution de problèmes. http://spf-nyheder.dk/download/om_cesel.pdf

21. Le jeune enfant apprend en imitant ce qui se passe autour de lui. http://dcum.dk/boernemiljoe/sprog

22. CAT-kit : http://www.cat-kit.com/about.

23. La Fondation Mary et le programme Sans harcèlement (Free of bullying) : http://www.maryfonden.dk/en/bullying-and-wellbeing

24. Annie Murphy Paul, « The Protégé Effect », *Time*, 30 novembre 2011, http://ideas.time.com/2011/11/30/the-protege-effect/

25. L'empathie et le leadership en entreprise : Ashoka, « Why Empathy Is the Force That Moves Business Forward », *Forbes*, 30 mai 2013, http://www.forbes.com/sites/ashoka/2013/05/30/why-empathy-is-the-force-that-moves-business-forward/

26. Les adolescents qui font preuve d'empathie réussissent mieux parce qu'ils font preuve de davantage de détermination que leurs camarades narcissiques. Ugo Uche, « Are Empathetic Teenagers More Likely to Be Intentionally Successful ? » *Psychology Today*, 3 mai 2010, https ://www.psychologytoday.com/blog/promoting-empathy-your-teen/201005/are-empathetic-teenagers-more-likely-be-intentionally

27. Knud Ejler Løgstrup : www.kristeligt-dagblad.dk/debat/fasthold-den-etiske-fodring-fortællinger-udvikler-børns-empati ; www.kristeligt-dagblad.dk/liv-sjæl/i-begyndelsen-er-tilliden

28. L'exemple de Lisa jouant au bord de la mer s'inspire d'un cas que le célèbre thérapeute danois Jesper Juul utilise pour illustrer la puissance de l'empathie. www.jesperjuul.com

29. Lire des histoires aux enfants augmente significativement leur niveau d'empathie. R. Mar, J. Tackett et C. Moore, « Exposure to Media and Theory-of-Mind Development in Preschoolers », *Cognitive Development 25*, N° 1 (2010) : 69-78.

30. Les chercheurs ont montré que les liens fragilisés provoquent des dégâts physiologiques et psychologiques. Lynn E. O'Connor, « Forgiveness : When and Why Do We Forgive », *Our Empathic Nature* (blog), *Psychology Today*, 21 mai 2012, http://www.psychologytoday.com/blog/our-empathic-nature/201205/forgiveness-when-and-why-do-we-forgive

31. L'empathie active la même zone cérébrale que le pardon. Y. Zheng, I. D. Wilkinson, S. A. Spence, J. F. Deakin, N. Tarrier, P. D. Griffiths et

P. W. Woodruff, « Investigating the Functional Anatomy of Empathy and Forgiveness », *Neuroreport 12*, N° 11 (2001) : 2433-8.

32; « La première des choses à faire pour être plus heureux, paradoxalement, c'est d'accepter les émotions douloureuses, de les accepter comme faisant intégralement partie de la vie. Le paradoxe est le suivant : quand on s'accorde à soi-même la permission d'être humain, de ressentir toute la gamme des émotions humaines, on s'ouvre aussi aux émotions positives. » Tal Ben-Shahar, « Five Steps for Being Happier Today », vidéo *Big Think*, 1'46", 2011, http://bigthink.com/users/talbenshahar

6. Pas d'ultimatum

1. 90 % des Américains : Karen Schrock, « Should Parents Spank Their Kids ? » *Scientific American*, 1er janvier 2010, http://www.scientificamerican.com/article/to-spank-or-not-to-spank/

2. *Wikipedia*, s.v. « school corporal punishment » dernière modification le 19 septembre 2016, http://en.wikipedia.org/wiki/School_corporal_punishment

En France, les châtiments corporels sont interdits à l'école depuis 1887. Cette interdiction a été confirmée par la circulaire du 6 juin 1991 et le Bulletin Officiel de l'Éducation Nationale du 13 juillet 2000. *(N.d.T.)*

3. Basée sur 240 groupes de discussions auprès de cinq différents profils culturels (asiatiques, hispaniques, afro-américains, blancs non-hispaniques et Indiens d'Amérique) répartis dans six villes, l'étude confirme que les parents américains pratiquent la violence physique plus qu'on ne pourrait le croire. Quel que soit leur profil, ils affirmaient utiliser le châtiment corporel à un moment ou à un autre. K. M. Lubell, T. C. Lofton et H. H. Singer, *Promoting Healthy Parenting Practices Across Cultural Groups : A CDC Research Brief* (Atlanta : Centers for Disease Control and Prevention, National Center for Injury Prevention and Control, 2008).

4. Lubell, Lofton et Singer, *Promoting Healthy Parenting Practices, ibid.*

5. « Parenting Styles », *Education.com*, juillet 2010, www.education.com/reference/article/parenting-styles-2/_; Diana Baumrind a étudié les différentes

pratiques éducatives des parents envers leurs enfants. Voir D. Baumrind, « Current Patterns of Parental Authority », *Developmental Psychology Monographs 4*, N° 1, pt. 2 (1971) : 1-103.

6. Un haut niveau de contrôle parental peut provoquer la rébellion des enfants. « What's Wrong with Strict Parenting ? » Aha ! Parenting, http://www.ahaparenting.com/parenting-tools/positive-discipline/strict-parenting

7. Dans une analyse récente, les scientifiques se sont penchés sur vingt ans de recherches sur les effets des punitions corporelles sur les enfants. Leur conclusion : non seulement elles sont inefficaces, mais, à long terme, elles peuvent nuire au développement des enfants. Harriet L. MacMillan, Michael H. Boyle, Maria Y.-Y. Wong, Eric K. Duku, Jan E. Fleming et Christine A. Walsh, « Slapping and Spanking in Childhood and Its Association with Lifetime Prevalence of Psychiatric Disorders in a General Population Sample », *Canadian Medical Association Journal 161*, N° 7 (1999).

8. L'imagerie cérébrale montre que les châtiments physiques ont un impact sur les zones cérébrales que l'on mobilise pour obtenir une bonne performance aux tests de QI. A. Tomoda, H. Suzuki, K. Rabi, Y. S. Sheu, A. Polcari et M. H. Teicher, « Reduced Prefrontal Cortical Gray Matter Volume in Young Adults Exposed to Harsh Corporal Punishment » *NeuroImage 47*, suppl. 2 (2009) : T66-71.

9. Les châtiments corporels modifient certaines zones cérébrales impliquées dans la régulation du stress et des émotions. T. O. Afifi, N. P. Mota, P. Dasiewicz, H. L. MacMillan et J. Sareen, « Physical Punishment and Mental Disorders : Results from a Nationally Representative US Sample », *Pediatrics 130*, N° 2 (2012) : 184-92.

10. Bonnie Rochman, « The First Real-Time Study of Parents Spanking Their Kids », *Time*, 28 juin 2011, http://healthland.time.com/2011/06/28/would-you-record-yourself-spanking-your-kids/

11. Au Danemark, les châtiments corporels ont été progressivement interdits par la loi tout au long du XXe siècle. En 1921, ils sont interdits pour le personnel domestique puis en 1951 dans toutes les écoles publiques de Copenhague. En 1967, la « circulaire du bâton » en interdit définitivement toute forme dans les écoles danoises, mais ne conteste pas le droit des parents à en administrer à leurs propres enfants. Au Danemark, les punitions corporelles parentales ont été abolies en plusieurs étapes. La dernière a eu lieu en 1997, avec un amendement qui interdit formellement de frapper ses

enfants. La violence faite aux enfants est désormais punissable en vertu du code pénal, au même titre que la violence envers autrui. https ://da.wikipedia.org/wiki/Revselsesret

12. *Wikipedia*, s.v. « corporal punishment in the home », dernière modification le 21 septembre 2016, http://en.wikipedia.org/wiki/Corporal_punishment_in_the_home

13. Les enfants de parents autoritaires réceptifs ont tendance à devenir plus autonomes et socialement mieux intégrés, à mieux réussir leurs études et à ne pas poser de problèmes de comportement. Ils risquent moins de développer une dépression ou un trouble anxieux ou d'adopter des comportements asociaux telles la délinquance ou la toxicomanie. A. Fletcher, L. Steinberg et E. Sellers, « Adolescents' Well-Being as a Function of Perceived Interparental Consistency » *Journal of Marriage and the Family* 61, N° 3 (1999) : 599-610 ; E. E. Wener et R. S. Smith, *Vulnerable but Invincible* : *A Longitudinal Study of Resilient Children and Youth* (New York : McGraw-Hill, 1982).

14. Ils sont aussi plus proches de leurs parents et moins influencés par leurs pairs. D. E. Bednar et T. D. Fisher, « Peer Referencing in Adolescent Decision Making as a Function of Perceived Parenting Style », *Adolescence 38*, N° 152 (2003) : 607-21.

15. Fletcher, Steinberg et Sellers, « Adolescents' Well-Being », *ibid.*

16. C'est une façon incroyablement puissante de mettre fin à un comportement disruptif : l'implication de tous les élèves permet à la classe d'agir en tant que communauté socialement responsable. L'apprentissage de ce processus commence à l'école maternelle et ses effets se font encore sentir quand les élèves quittent l'école. Il contribue à minimiser l'indiscipline et à éviter le harcèlement dans les établissements scolaires. Dans les écoles danoises, les professeurs sont aussi conscients que la récréation est un moment d'apprentissage du jeu et par le jeu. C'est là que les petits Danois apprennent l'importance du fair-play.

Article sur la prévention des troubles à l'école : Danmarks Lærerforening, juillet 2009. www.dlf.org/media/97473/UroISkolen2.pdf

17. Ballon gonflable : www.protac.dk/ball_cushion.aspx?ID=120

18. Exemples d'objets posturaux : http://www.podconsult.dk/inklusiononline/flyers/sidderedskaber%202.pdf

Exemples d'objets à triturer :
http://www.familierum.dk/forside/category/dimse

19. On sait aujourd'hui à quel point l'activité physique compte pour le développement des enfants, pour leur santé, leurs aptitudes motrices et cognitives, leurs compétences relationnelles et leur identité personnelle. Par ailleurs, tous les enseignants savent par expérience que la motivation pour apprendre des enfants augmente avec le mouvement. Il est donc intéressant d'inclure le mouvement au quotidien dans l'enseignement. Le département de la Santé publique de Copenhague, l'Administration des jeunes et des enfants et le Centre pour les jeunes et la jeunesse ont mis en place un partenariat visant à développer une pédagogie concrète intégrant le mouvement et l'activité physique dans des matières telles que le danois, les mathématiques, l'anglais, l'allemand et l'histoire. Ce partenariat a donné naissance au programme « Bouger en classe : l'apprentissage pour tous » (Exercise in class : a project of learning for all) destiné aux enseignants. http://playtool.dk

20. L'enseignement différencié : C'est une mission clé pour tous les enseignants. Par exemple, ils prennent en compte les différents niveaux de pratique du danois des élèves de manière à ce que chacun reçoive une instruction adaptée à son niveau. http://uvm.dk/Uddannelser/Erhvervsuddannelser/Undervisning-og-laeringsmiljoe/Differentiering

Certains professeurs se sont exprimés sur les difficultés qu'ils rencontrent à motiver tous les élèves, à leur donner envie, à tous, de fournir un effort. Mais l'enseignement différencié peut se pratiquer avec toutes sortes d'élèves : www.inklusionsudvikling.dk/Vores-fire-fokusomraader/Inkluderende-laeringsfaellesskab/Laeringsmiljoeer/Undervisningsdifferentiering-saa-alle-elever-udfordres-og-motiveres

21. Les étapes du développement de l'enfant :

Jean Piaget (1896-1980) est un psychologue suisse célèbre pour son étude des processus de la pensée chez les enfants. Ses découvertes ont profondément influencé les méthodes d'enseignement de ses contemporains. Piaget voyait les perceptions de l'enfant comme instables, déformées, pleines d'illusions. D'après Piaget, l'apprentissage ou le fait de grandir permettent à l'enfant de s'approcher progressivement d'un monde plus ordonné, plus systématique, auquel l'expérience l'aide à s'adapter. Il divise le développement de l'enfant en différentes périodes : la période sensorimotrice (de zéro à deux ans), la période préopératoire (de deux à six ans), la période des opérations concrètes (de six à dix ans ou douze ans), la période des opérations formelles (à partir de dix ou douze ans et plus). http://www.fondationjeanpiaget.ch/fjp/site/oeuvre/index.php/

Erik Erikson (1902-1994) est un psychanalyste et psychologue du développement germano-américain. Erikson pensait que la personnalité d'un enfant est modelée bien plus par ses relations avec ses parents que par les instincts ou la sexualité. Il pensait aussi qu'un individu se développe en suivant une série d'étapes psychosociales de la naissance à la vieillesse.

Robert B. Ewen, *An Introduction to Theories of Personality*, 6e éd. (Mahwah, New Jersey : Lawrence Erlbaum Associates, 2003).

7. Le *hygge*, la convivialité

1. Les scientifiques ont montré qu'un des facteurs les plus prédictifs du bien-être est la qualité du temps passé entre amis et en famille. Eric Barker, « 6 Secrets You Can Learn from the Happiest People on Earth », *Time*, 7 mars 2014, http://time.com/14296/6-secrets-you-can-learn-from-the-happiest-people-on-earth/ ; Ben-Shahar, « Five Steps ».

2. À l'université du Danemark du Sud, dans le département Marketing et Management, Jeppe Trolle Linnet s'est spécialisé dans la recherche sur le *hygge*. C'est le seul chercheur en *hygge* au monde. D'après lui, « le hygge, ce n'est pas juste s'amuser ensemble. Est "hygge" ce à quoi on peut s'identifier. Par exemple, les préparatifs de Noël, c'est du concentré de "hygge". Pour créer un moment "hygge" avec d'autres personnes, il est nécessaire de se défaire de tout ce qui peut nous distraire du moment présent ». www.rustonline.dk/2013/12/12/hygge-i-et-seriost-lys/

3. D'après la très célèbre étude sur les différences culturelles de Geert Hofstede, psychologue de réputation internationale spécialisé en psychologie culturelle, les États-Unis ont le niveau d'individualisme le plus élevé au monde. Geert Hofstede, *Culture's Consequences : Comparing Values, Behaviors, Institutions, and Organizations Across Nations*, 2nd éd. (Thousand Oaks, Californie : Sage Publications, 2001) ; Geert Hofstede, Michael Minkov *Cultures et organisations : nos programmations mentales*, 3e éd. (Paris : Pearson France, 2010).

4. Wikipedia, s.v., « Allegory of the long spoons », dernière modification le 4 juillet 2016, http://en.wikipedia.org/wiki/Allegory_of_the_long_spoons

5. Le travail en équipe au Danemark. Le DUF (Dansk Ungdoms Fællesråd, Conseil de la Jeunesse danoise) publie des études sur la jeunesse réalisée par la société TNS Gallup. www.duf.dk

6. Le chant et le *hygge*. Hayley Dixon, « Choir Singing "Boosts Your Mental Health" », *Telegraph*, 4 décembre 2013, http://www.telegraph.co.uk/health/healthnews/10496056/Choir-singing-boosts-your-mental-health.html

7. Les liens *hyggelige* et la convivialité ont un impact positif, et pas qu'au Danemark. De nombreux scientifiques l'ont démontré, notamment les chercheurs américains de l'université de Brigham Young et ceux de l'université de Caroline du Nord à Chapel Hill. Ensemble, ils ont regroupé les données provenant de 148 études visant à évaluer les effets des relations interpersonnelles sur la santé. Ces 148 études couvrent une population totale de 300 000 personnes, hommes et femmes du monde occidental. J. Holt-Lunstad, T. B. Smith et J. B. Layton, « Social Relationships and Mortality Risk : A Meta-analytic Review » *PLoS Medicine* 7, N° 7 (2010) : e1000316.

8. À l'université Carnegie Mellon, dans une autre expérience célèbre, Sheldon Cohen a questionné des centaines de volontaires en bonne santé sur leur vie sociale avant de leur inoculer le virus du rhume puis de les placer en quarantaine pendant plusieurs jours. S. Cohen, W. J. Doyle, R. B. Turner, C. M. Alper et D. P. Skoner, « Sociability and Susceptibility to the Common Cold », *Psychological Science* 14, N° 5 (2003) : 389-95.

9. Une société d'études de Chicago confirme ce résultat. L'aide et le soutien fournis par le groupe social aident effectivement à mieux gérer le stress. S. D. Pressman, S. Cohen, G. E. Miller, A. Barkin, B. S. Rabin et J. J. Treanor, « Loneliness, Social Network Size, and Immune Response to Influenza Vaccination in College Freshmen », *Health Psychology* 24, N° 3 (2005) : 297-306.

10. Les études prouvent qu'en cherchant à rester forts pendant les tragédies, nous souffrons bien plus longtemps que si nous partageons nos émotions et révélons notre vulnérabilité aux autres. Ben-Shahar, « Five Steps ».

11. Mais les études montrent que, pendant cette période difficile, les mères réagissent souvent en réduisant le niveau de soutien de leur réseau social plutôt que de l'augmenter, ce qui aggrave leur stress. S. Joseph, T. Dalgleish, S. Thrasher et W. Yule, « Crisis Support and Emotional Reactions

Following Trauma », *Crisis Intervention & Time-Limited Treatment* 1, N° 3 (1995) : 203-8.

12. Les chercheurs ont aussi prouvé que les amis, les membres de la famille et les groupes de parents peuvent réellement contribuer à abaisser le stress des nouvelles mamans, ce qui les aide à accueillir leur bébé avec davantage de sérénité et favorise l'attachement. P. A. Andersen et S. L. Telleen, « The Relationship Between Social Support and Maternal Behaviors and Attitudes : A Meta-analytic Review », *American Journal of Community Psychology* 20, N° 6 (1992) : 753-74.

Ressources complémentaires :

Avec son film *Number our days* (1976), la réalisatrice Lynne Littman illustre l'importance d'avoir des amis et des proches autour de nous. https :// youtu.be/3aZY1IZc2MU

En 2012, d'après le World Giving Index (Classement des pays les plus généreux) publié par la Charities Aid Fondation, le Danemark était le septième pays le plus généreux au monde. Ce classement calcule la proportion de la population d'un pays qui, dans un mois déterminé, donne de l'argent ou du temps à une association caritative ou aide un inconnu. Environ 70 % des Danois font des dons aux organismes de bienfaisance chaque année.

La dix-huitième édition du *Højskolesangbogens* (livre de chansons pour le lycée) a été publiée en 2006 (la première édition date de 1894). Depuis 2006, 38 750 exemplaires ont été vendus chaque année. Chanter est une activité traditionnelle qui prend de plus en plus d'importance dans la vie danoise. La plupart des Danois pensent que c'est bon pour eux. http://www.kristeligt-dagblad.dk/danmark/2014-06-21/den-danske-sangskat-er- % C3 % A5rtiets-bogsucces

Remerciements

Jessica Joelle Alexander

Je voudrais remercier ma mère et mon père pour leur amour inconditionnel et leur foi en moi inébranlable. Mes remerciements vont aussi à ma sœur pour son amour et son amitié irremplaçables, à mon mari et à sa famille pour m'avoir soufflé l'idée d'écrire *Comment élever les enfants les plus heureux du monde* et à mes deux merveilleux enfants, les lumières qui guident notre parcours.

Merci aussi à Iben : sans sa contribution et son expertise, ce livre n'aurait jamais vu le jour.

Iben Dissing Sandahl

D'abord, je remercie mon mari pour son amour et son soutien.

Ensuite, un grand merci à mes deux magnifiques filles, sans qui je ne serais pas celle que je suis aujourd'hui. Je voudrais aussi remercier ma mère et mon père, qui m'ont toujours soutenue.

J'ai la chance d'être entourée d'amis et de collègues intelligents et intéressants qui m'ont écoutée, m'ont posé d'excellentes questions et m'ont inspirée.

Un merci tout particulier à Jessica : bravo pour son courage de prendre l'initiative d'écrire ce livre.

À propos des auteures

Iben Dissing Dahl est coach certifiée, auteure et thérapeute diplômée en thérapie narrative. Son cabinet se trouve en périphérie de Copenhague, au Danemark. Elle est spécialisée dans les thérapies pour enfants et pour familles. Elle a d'abord suivi une formation de professeure des écoles, puis travaillé dans le système éducatif danois pendant dix ans, avant d'obtenir son diplôme en thérapie narrative. Passionnée par son travail, elle est régulièrement citée dans les magazines, les journaux et interviewée par la radio danoise. Elle est mariée et a deux filles, Ida et Julie. Pour en savoir davantage : www.ibensandahl.dk

Jessica Joelle Alexander, auteure, chroniqueuse, étudie les différences culturelles. Après avoir obtenu son master de psychologie, elle a enseigné la communication et les techniques rédactionnelles en Scandinavie et en Europe Centrale. Mariée à un Danois depuis treize ans, les différences culturelles la passionnent. Elle parle quatre langues et vit à Rome avec son mari et leurs deux enfants, Sophia et Sebastian. Pour en savoir davantage : www.jessica-joellealexander.com

Dans la même collection

Lawrence Cohen, *Qui veut jouer avec moi ?*, 2013.

Lawrence Cohen, *J'ai plus peur*, 2016.

Elizabeth Crary, *Arrête d'embêter ton frère, laisse ta sœur tranquille*, 2012.

Elizabeth Crary, *Je veux, maintenant !*, 2015

Priscilla Dunstan, *Il pleure, que dit-il ?*, 2016.

Jan Faull, *C'est moi qui décide !*, 2012.

Dr Frances E. Jensen avec Amy Ellis Nutt, *Le Cerveau adolescent*, 2016.

Helen F. Neville et Diane Clark Johnson, *Chacun son caractère*, 2015.

Elizabeth Pantley, *Elle est où, maman ?*, 2014.

Dr Leonard Sax, *Pourquoi les garçons perdent pied et les filles se mettent en danger*, 2014.

COMPOSITION NORD COMPO
POUR LE COMPTE DES ÉDITIONS J.-C. LATTÈS
17 RUE JACOB – 75006 PARIS

PAPIER À BASE DE FIBRES CERTIFIÉES

JC Lattès s'engage pour l'environnement en réduisant l'empreinte carbone de ses livres.
Rendez-vous sur www.jclattes-durable.fr
L'empreinte carbone en éq. CO_2 de cet exemplaire est de 850 g

Dépôt légal : avril 2017

Achevé d'imprimer en France en novembre 2020
par Dupliprint à Domont (95)
N° d'impression : 2020111200 - N° d'édition : 6395050/07